Prévention des toxicomanies

Les Européens et la drogue

Enquête *Eurobaromètre* 43.0 et 43.1 (jeunes)
INRA, juin 1995

COMMISSION
EUROPÉENNE

Une fiche bibliographique figure à la fin de l'ouvrage.

Luxembourg: Office des publications officielles des Communautés européennes, 1996

ISBN 92-827-6096-0

© CECA-CE-CEEA, Bruxelles • Luxembourg, 1995

Reproduction autorisée, sauf à des fins commerciales, moyennant mention de la source.

Printed in Belgium

Ce sondage d'opinion a été réalisé à la demande de la Commission Européenne (Direction Générale Emploi, Relations Industrielles, Affaires Sociales).

Il a été effectué dans l'ensemble de l'Union Européenne, en mars-avril 1995, par quinze instituts spécialisés, sous la coordination générale d'INRA (EUROPE) - European Coordination Office, situé à Bruxelles.

Le questionnaire, les noms des instituts associés à la recherche, ainsi que divers renseignements techniques (méthodes d'échantillonnage, composition de l'échantillon, etc.) figurent en annexe.

Le présent rapport, rédigé par Philippe Manigart, n'engage en aucune façon la responsabilité de la Commission Européenne.

La langue originale de ce rapport est le français.

TABLE DES MATIÈRES.

TABLE DES MATIÈRES. v
LISTE DES GRAPHIQUES. vi
LISTE DES TABLEAUX. vii
VUE D'ENSEMBLE. viii

1. INTRODUCTION. 1

2. ATTITUDES À L'ÉGARD DES DROGUÉS ET DE LA DROGUE. 4

2.1. ATTITUDES À L'ÉGARD DES DROGUÉS. 4
    2.1.1. L'échantillon standard. 5
    2.1.2. L'échantillon jeunes. 9
    2.1.3. Qualification des toxicomanes. 11
2.2. ATTITUDES À L'ÉGARD DE LA DROGUE. 12
    2.2.1. L'échantillon standard. 12
    2.2.2. L'échantillon jeunes. 15

3. PRINCIPALES RAISONS POUR LESQUELLES ON SE DROGUE. 17

3.1. L'ÉCHANTILLON STANDARD. 19
3.2. L'ÉCHANTILLON JEUNES. 22

4. CONNAISSANCE ET ACCESSIBILITÉ DE DIFFÉRENTES DROGUES. 24

4.1. CONNAISSANCE. 24
    4.1.1. Drogues dont on a déjà entendu parler. 25
    4.1.2. Drogues déjà vues. 31
    4.1.3. Drogues déjà proposées. 36
    4.1.4. drogues dangereuses. 47
4.2. ACCESSIBILITÉ. 57
    4.2.1. Lieux où on consomme ces drogues. 57
    4.2.2. Facilité d'obtention de ces drogues. 62

5. PRIORITÉ EN MATIÈRE DE LUTTE CONTRE LA DROGUE. 70

5.1. L'ÉCHANTILLON STANDARD. 71
5.2. L'ÉCHANTILLON JEUNES. 75
5.3. JUGEMENT DE L'EFFICACITÉ DES DIVERSES MESURES. 76

6. OPINIONS CONCERNANT LE TRAITEMENT DE LA TOXICOMANIE. 78

6.1. L'ÉCHANTILLON STANDARD. 78
6.2. L'ÉCHANTILLON JEUNES. 80

7. OPINIONS CONCERNANT L'ANALYSE D'URINE. 82

7.1. L'ÉCHANTILLON STANDARD. 83
7.2. L'ÉCHANTILLON JEUNES. 85

8. AUTRES THÈMES LIÉS À LA DROGUE ABORDÉS DANS LES EUROBAROMÈTRES. 87

8.1. CONNAISSANCE DE TOXICOMANES. 87
8.2. CONNAISSANCE DES TRAITEMENTS DE SUBSTITUTION. 88
8.3. LA DROGUE SUR LES LIEUX DE TRAVAIL. 89

9. RÉFÉRENCES BIBLIOGRAPHIQUES. 91

10. ANNEXES. 92

10.1. FICHE TECHNIQUE.
10.2. QUESTIONNAIRE FRANÇAIS-ANGLAIS.
10.3. SPÉCIFICATIONS TECHNIQUES POUR LES VARIABLES SOCIO-DÉMOGRAPHIQUES ET SOCIO-POLITIQUES UTILISÉES DANS LES ANALYSES.

LISTE DES GRAPHIQUES.

1. Les drogués sont d'abord un problème (% UE 15, 1995) 4
2. La consommation de drogues peut conduire (% UE 15, 1995) 12
3. Raisons principales pour lesquelles on se drogue (% UE 15, 1995) 17
4. Les drogues dont on a déjà entendu parler (% UE 15, 1995) 25
5. Les drogues qu'on a déjà vues (% UE 15, 1995) 32
6. Les drogues déjà proposées (% UE 15, 1995) 36
7. Age lorsqu'on a proposé de la drogue (% UE 15, 1995) 42
8. Les drogues dangereuses (% UE 15, 1995) 47
9. Certains médicaments sont aussi dangereux que les drogues les plus dures (% certainement ou probablement vrai, UE 15, 1995) 55
10. Lieux où on consomme souvent de la drogue (% UE 15, 1995) 58
11. Obtenir de la drogue est (% UE 15, 1995) 63
12. Lieux où on peut se procurer de la drogue (% oui UE 15, 1995) 65
13. Priorité pour éliminer le problème de la drogue (% UE 15, 1995) 70
14. A qui faut-il s'adresser pour obtenir une information en matière de toxicomanie (% UE 15, 1995) 78
15. Plutôt d'accord pour analyses d'urine par (% UE 15, 1995) 82

LISTE DES TABLEAUX.

1. Les drogués sont d'abord un problème (% par pays, 1989-1995) 5
2. Les drogués sont ensuite un problème (% par pays, 1989-1995) 6
3. Les drogués sont un problème (% par pays, 1995, échantillon jeunes) 10
4. La consommation de drogues peut conduire (% par pays, 1992-1995) 14
5. La consommation de drogues peut conduire (% par pays, 1995, échantillon jeunes) 15
6. Raisons principales pour lesquelles on se drogue (% par pays, 1992-1995) 18
7. Raisons principales pour lesquelles on se drogue (% par pays, 1995, échantillon jeunes) 18
8. Les drogues dont on a déjà entendu parler (% par pays, 1989-1995) 27
9. Les drogues dont on a déjà entendu parler (% par pays, 1995, échantillon jeunes) 30
10. Les drogues qu'on a déjà vues (% par pays, 1992-1995) 33
11. Les drogues qu'on a déjà vues (% par pays, 1995, échantillon jeunes) 33
12. Les drogues déjà proposées (% par pays, 1992-1995) 37
13. Les drogues déjà proposées (% par pays, 1995, échantillon jeunes) 37
14. Age lorsqu'on a proposé de la drogue (% par pays, 1995) 43
15. Age lorsqu'on a proposé de la drogue (% par pays, 1995, échantillon jeunes) 46
16. Les drogues dangereuses (% par pays, 1992-1995) 49
17. Les drogues dangereuses (% par pays, 1995, échantillon jeunes) 49
18. Certains médicaments sont aussi dangereux que les drogues les plus dures (% certainement ou probablement vrai, par pays) 56
19. Lieux où on consomme souvent de la drogue (% par pays, 1992-1995) 59
20. Lieux où on consomme souvent de la drogue (% par pays, 1995, échantillon jeunes) 61
21. Obtenir de la drogue est assez ou très facile (% par pays, 1992-1995) 64
22. Lieux où on peut se procurer de la drogue (% oui par pays, 1992-1995) 66
23. Obtenir de la drogue est assez ou très facile (% par pays, 1995, échantillon jeunes) 68
24. Lieux où on peut se procurer de la drogue (% oui par pays, 1995, échantillon jeunes) 68
25. Priorité pour éliminer le problème de la drogue (% par pays, 1992-1995) 72
26. Priorité pour éliminer le problème de la drogue (% par pays, 1995, échantillon jeunes) 75
27. A qui faut-il s'adresser pour obtenir une information en matière de toxicomanie (% par pays, 1995) 79
28. A qui faut-il s'adresser pour obtenir une information en matière de toxicomanie (% par pays, 1995, échantillon jeunes) 80
29. Plutôt d'accord pour analyses d'urine par (% par pays, 1989-1995) 84
30. Plutôt d'accord pour analyses d'urine par (% par pays, 1995, échantillon jeunes) 86

VUE D'ENSEMBLE.

- Quand ils pensent aux drogués, **c'est d'abord à la charge qu'ils représentent pour la société que pensent les Européens**: 27 % d'entre eux répondent en effet que c'est d'abord un problème social. Pour 26 % des répondants, il s'agit ensuite d'un problème de maturité. Les autres images des drogués viennent loin derrière. Par rapport à 1989, première année que cette question fut posée, l'ordre de priorité est resté sensiblement le même.

- **97 % des répondants pensent que la consommation de drogues peut conduire à des problèmes de santé**. Un pourcentage presque identique (96%) pense que cela peut tout aussi bien conduire à des problèmes sociaux, à la déchéance de la personnalité et à des problèmes avec la justice. Au niveau de l'Europe des Douze, on n'observe pas d'évolution statistiquement significative entre 1992, première année où cette question a été posée, et 1995. De même, on n'observe guère de différences entre les différents pays de l'Union européenne. Partout, c'est la même quasi-unanimité. Cette belle unanimité se retrouve aux niveaux des variables socio-démographiques.

- **Six Européens sur dix pensent que si certaines personnes se droguent, c'est principalement pour oublier leurs problèmes**. Plus d'un répondant sur deux pense que c'est pour faire comme ses amis et en raison de problèmes familiaux. Par rapport au printemps 1992, on n'observe guère d'évolution marquante.

- **Dans l'ensemble, une majorité, souvent écrasante, d'Européens a entendu parler des différentes drogues** reprises dans la liste qui leur était soumise. Seul un Européen sur cent n'a jamais entendu parler d'une des dix drogues citées. Tous ces noms font donc désormais partie des connaissances et du vocabulaire des Européens.

- **Sans surprise, ce sont les drogues les plus anciennes qui sont les plus connues** (héroïne, cocaïne, marijuana, cannabis et morphine). Les deux drogues les plus récentes, l'extasy et le crack, sont un peu moins connues, quoique plus de 2/3 des Européens interrogés en aient déjà entendu parler.

- En ce qui concerne la dernière drogue apparue sur le marché, l'extasy, on remarque une évolution très nette de la notoriété entre le printemps 1992 et le printemps 1995: en 1992, seuls 49 % des Européens de l'Europe des Douze avaient entendu parler de cette drogue; en 1995, ils étaient 65 %.

- Les Suédois sont ceux qui, en moyenne, sont les plus nombreux à connaître toutes les drogues. A l'inverse, les Portugais sont ceux qui, à l'exception de la cocaïne, des colles et des anabolisants, ont le moins entendu parler des différentes drogues.

- **77 % des Européens disent qu'on ne leur a jamais proposé aucune drogue.** 17 % par contre disent qu'on leur a déjà proposé du cannabis et 13% de la marijuana, à savoir les deux drogues *douces* les plus répandues. En ce qui concerne les autres drogues, les pourcentages sont négligeables. Par rapport à 1992, on n'observe guère d'évolution.

- **On constate des variations, parfois importantes, entre les 15 pays de l'Union Européenne.** Ainsi, c'est au Danemark, aux Pays-Bas, au Royaume-Uni et en Espagne qu'on trouve les proportions les plus faibles de répondants disant qu'on ne leur a jamais proposé une des 10 drogues reprises sur la liste.

- Quant au profil socio-démographique de ceux à qui on a déjà proposé du cannabis, on observe une différence de pourcentages de 30 points entre les plus jeunes et les plus âgés. **On est donc bien devant un problème de génération,** la césure principale semblant s'opérer entre les 15-39 ans et les autres. **Le phénomène est également très fortement fonction du niveau d'instruction scolaire**: plus on est instruit, plus il est probable que l'on nous ait proposé du cannabis. Il semble par ailleurs que **la proximité avec la drogue est la plus élevée aux deux extrémités de l'échelle sociale.**

- **Une majorité d'Européens considère toutes les drogues citées comme dangereuses.** Bien plus, seulement 1 % considère qu'aucune n'est dangereuse.

- Par rapport à 1992, on constate qu'à l'exception de l'extasy, où la proportion est restée la même, l'ensemble des drogues est considérée comme dangereuse par un pourcentage significativement moins élevé d'Européens. C'est particulièrement le cas pour la marijuana et le hachisch.

- D'une manière générale, les jeunes, les plus instruits et ceux qui n'appartiennent à aucune religion ont tendance à être plus "libéraux" en matière de drogues *douces*. Ils sont également mieux au courant.

- **77 % des Européens pensent que certains médicaments sont aussi dangereux que les drogues les plus dures.** L'opinion publique est donc très au fait des dangers que constitue l'utilisation de certains médicaments.

- Les trois premiers lieux où le plus d'Européens pensent que l'on consomme souvent de la drogue sont la rue, les soirées et fêtes privées et les cafés et discothèques.

- **Près d'un Européen sur trois pense qu'obtenir de la drogue est très facile.** Seulement 4 % pensent que c'est très difficile. **Par rapport à 1992, plus d'Européens pensent qu'obtenir de la drogue est assez ou très facile.**

- Le fait de trouver que se procurer de la drogue est aisé est essentiellement une question d'âge. 33 % des 15-24 ans et 30 % de ceux qui sont encore aux études pensent que c'est très facile, des pourcentages nettement supérieurs à la moyenne.

- Les trois lieux où, selon les Européens, on peut le plus facilement se procurer de la drogue sont: dans les cafés et discothèques, dans la rue, à ou autour des écoles et dans les soirées et fêtes privées.

- **Pour les Européens, la répression des trafiquants est LA priorité pour éliminer le problème de la drogue.** C'est en effet la seule mesure qui se détache clairement, avec 55 % des suffrages. En deuxième position, mais loin derrière, vient la résolution des problèmes sociaux et économiques comme le chômage (14 %). Par rapport à 1992, les priorités sont restées les mêmes.

- Les jeunes, les plus instruits, les gens de gauche, les athées et, dans une moindre mesure, les hommes sont nettement moins répressifs que les autres.

- **Quand on leur demande à qui il faut s'adresser pour obtenir une information en matière de toxicomanie, les Européens choisissent prioritairement des personnes ou des services spécialisés non répressifs** (centres de traitement spécialisés, médecins et services d'accueil téléphoniques "drogues").

- **Deux tiers des Européens sont prêts à accorder à la police le droit d'appliquer des tests d'urine chaque fois qu'il y a doute. 61 % accepteraient éventuellement de subir ce test.** Les autres circonstances suscitent, par contre, plus de controverses. La moins acceptée est, sans nul doute, le fait qu'un employeur puisse imposer ce test à ses employés à l'embauche: 35 % seulement des répondants seraient plutôt d'accord avec cette mesure.

1. INTRODUCTION.

Le présent rapport est basé sur les résultats d'un sondage d'opinion relatif à la drogue, réalisé dans le cadre des deux vagues successives de l'Eurobaromètre 43, entre le 22 mars et le 18 mai 1995, simultanément dans les quinze pays de l'Union Européenne.

Mené à la demande de la Commission Européenne (Direction Générale Emploi, Relations Industrielles, Affaires Sociales, Unité Santé Publique), ce sondage fait suite à trois autres enquêtes réalisées en automne 1989 et 1990 et au printemps 1992 sur les perceptions, attitudes et opinions des Européens concernant la drogue.[1]

L'enquête de 1995 abordait six grands thèmes:[2]

1. les attitudes à l'égard des drogués et de la drogue;

2. les raisons pour lesquelles on se drogue;

3. la connaissance et l'accessibilité de différentes drogues;

4. les priorités en matière de lutte contre la drogue;

5. les opinions concernant le traitement de la toxicomanie;

6. les opinions concernant l'analyse d'urine.

Dans chaque pays, 12 questions à items multiples portant sur ces thèmes ont été soumises à un échantillon représentatif de la population nationale âgée de 15 ans et plus.[3] Au total, quelque 18.500 personnes ont été interrogées, lors des deux vagues successives de l'Eurobaromètre (43.0 et 43.1). Dans la première vague, environ 1.000 personnes par pays ont été interrogées, sauf au Luxembourg (500), en Allemagne (2.000: 1.000 dans la partie Ouest et 1.000 dans la partie Est) et au Royaume-Uni (1.300: 1.000 en Grande-Bretagne et 300 en Irlande Nord).[4] La deuxième vague (43.1) a permis, elle, de sur-échantillonner les jeunes de 15 à 24 ans, ceci afin de renforcer la validité des résultats les concernant. Au total, 3031

---

[1] Voir Institut d'Hygiène et d'Epidémiologie (1992) et INRA (1990 et 1991).
[2] Les questions sur la drogue s'inséraient dans un cadre plus large consacré aux "Européens et la Santé". Un rapport analytique portant sur l'ensemble des thèmes abordés paraîtra en octobre 1995.
[3] On trouvera en annexe 10.2. un exemplaire du questionnaire.
[4] Cf. fiche technique, annexe 10.1.

interviews de jeunes de 15 à 24 ans furent réalisés dans l'ensemble des quinze pays de l'Union Européenne.[5]

Dans ce rapport, pour chaque question, on analysera d'abord les résultats provenant de l'échantillon standard (EB 43.0), représentatif de l'ensemble de la population de l'Union européenne âgée de plus de 15 ans. Dans un deuxième temps, dans la mesure où les jeunes sont plus particulièrement concernés par ce problème, les analyses porteront plus spécifiquement sur les données provenant du sur-échantillon jeunes (EB 43.0 et 43.1).

Toutes les questions, sauf une, concernant la drogue posées dans le cadre de l'Eurobaromètre 43 étant des questions *trend*, on analysera également dans quelle mesure l'opinion publique européenne a évolué sur ce sujet.

Les graphiques présentent les résultats de l'échantillon standard (EB 43.0; appelé "ensemble UE 15" dans les graphiques) et de l'échantillon-jeunes (EB 43.0 et 43.1, "15-24 ans") au niveau de l'UE 15.

Afin de faciliter la lecture des tableaux, on a adopté l'ordre de présentation suivant: d'abord les *trends* concernant les 12 pays de l'Union européenne et les *trends* UE 12, ensuite les résultats de l'EB 43 concernant les trois nouveaux pays membres (A, SF et S) et enfin, le résultat global UE 15.

Les chiffres relatifs à l'Union dans son ensemble (UE 12 et UE 15), qui figurent dans ce rapport, sont une moyenne pondérée des chiffres nationaux. Pour chaque pays, la pondération utilisée est la part de la population nationale de plus de 15 ans au sein de la population communautaire correspondante.[6]

Par ailleurs, le total des pourcentages présentés dans les tableaux de cette étude peut dépasser 100 % lorsque le répondant a la possibilité de donner plusieurs réponses à une même question. Il peut également ne pas être exactement 100 %, mais un nombre très proche (par exemple: 99 % ou 101 %), du fait que les chiffres ont été arrondis. La différence par rapport à 100 % peut encore s'expliquer par les sans avis et les non-réponses.

---

[5] On notera par ailleurs que la même procédure avait été suivie pour l'enquête de 1992 (Eurobaromètre 37.0 et 37.1). Les données de l'Eurobaromètre 32 se basaient, elles, sur un échantillon doublé (32.0 et 32.1). Seules les données de l'enquête de 1990 provenaient d'un Eurobaromètre standard.
[6] C'est en suivant une logique identique que les résultats de l'Allemagne réunifiée sont établis au départ des résultats de l'Allemagne de l'Est et de l'Allemagne de l'Ouest.

Enfin, afin de ne pas alourdir la lecture et dans la mesure où les intervalles de confiance varient, en moyenne, entre +/- 1,9 % et +/- 3,1 %,[7] tous les pourcentages présentés sont des pourcentages arrondis. Les pourcentages compris entre 0,5 et 0,9 sont arrondis vers le haut; ceux entre 0,1 et 0,4 vers le bas. Un pourcentage de 0 ne signifie donc pas nécessairement qu'aucun répondant ne se trouve dans cette catégorie, mais qu'il est inférieur à 0,5 %.

Tout au long de ce rapport, l'abréviation "NSP/SR" sera utilisée. "NSP" signifie "Ne sait pas" (c'est-à-dire que la personne interrogée a affirmé ne pas savoir répondre à la question) et "SR" signifie "Sans réponse" (c'est-à-dire que la personne interrogée a refusé de répondre à la question).

Enfin, il convient de signaler qu'en plus des questions posées dans le cadre de l'EB 43, ce rapport présente une synthèse de **toutes** les enquêtes Eurobaromètres touchant à la problématique de la drogue. Il constitue donc un document de référence facilement accessible à l'attention de toute personne s'intéressant aux opinions des Européens vis-à-vis des problèmes de drogue. Les questions non posées dans l'EB 43 sont mentionnées: soit dans les différents chapitres concernant l'analyse des résultats de l'EB 43 quand il s'agissait de questions portant sur des thèmes similaires ou proches, soit dans le dernier chapitre.

---

[7] Voir fiche technique (annexe 10.1)

2. ATTITUDES À L'ÉGARD DES DROGUÉS ET DE LA DROGUE.

Les deux premières questions portaient sur la manière dont les Européens percevaient les drogués et le problème de la drogue.

2.1. ATTITUDES À L'ÉGARD DES DROGUÉS.

Quand les Européens pensent aux drogués, à quoi pensent-ils en premier lieu ? Cette perception a-t-elle évolué avec le temps ? C'est ce que tente de mesurer la question suivante.

> Question 48: On peut voir les drogués de diverses façons. Pour vous, est-ce d'abord...? En deuxième lieu ?[8]
> Un problème de maturité (les drogués sont surtout des jeunes)
> Un problème social (les drogués sont une charge pour la société)
> Un problème de santé (les drogués se détruisent la santé)
> Un problème moral (les drogués ont besoin d'aide)
> Un problème criminel (les drogués augmentent l'insécurité)
> Un problème économique (les drogués se ruinent pour acheter leurs drogues)

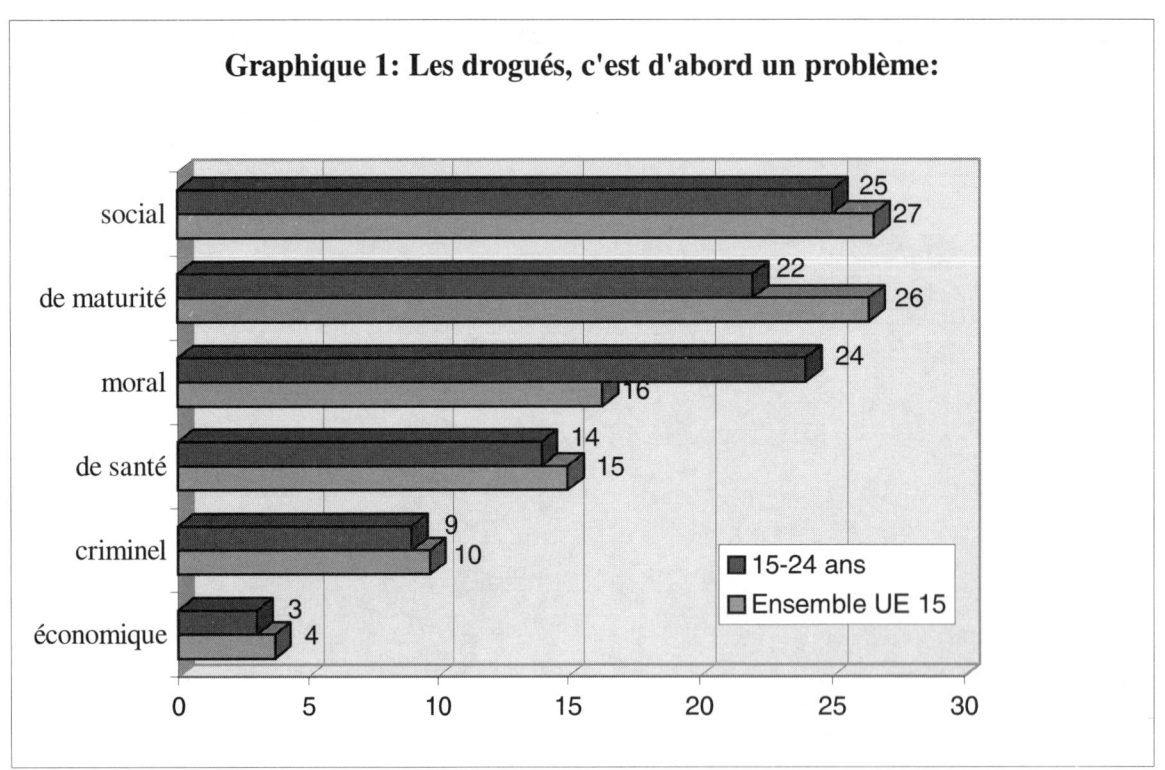

---

[8] Il s'agit d'un *trend* modifié. Dans l'EB 37.0 du printemps 92, l'intitulé de la question était quelque peu différent. On y parlait du "problème de la drogue" et non des "drogués". De plus, dans l'EB 32.A et dans l'EB 34.1, il n'y avait que cinq possibilités de réponse au lieu de six. Le problème de maturité a été ajouté à partir de l'EB 37.0.

2.1.1. L'ÉCHANTILLON STANDARD.

Ainsi que le montre le graphique 1, c'est d'abord à la charge que représentent les drogués pour la société que pensent les Européens: 27 % d'entre eux répondent en effet que c'est d'abord un problème social. Pour 26 % des répondants, il s'agit ensuite d'un problème de maturité. Les autres images des drogués viennent loin derrière. On notera que seulement 4 % des Européens pensent que les drogués représentent d'abord un problème économique.

La deuxième image des drogués qui vient à l'esprit des répondants (tableau 2) évoque les problèmes de santé (19 %), moraux (19 %) et de criminalité (18 %).

Quand on additionne les deux images, on obtient une distribution largement similaire à la première, à savoir que c'est le problème moral et le problème de maturité qui arrivent largement en tête (43 % et 40 % respectivement), suivis des problèmes moraux (35 %), de santé (34 %), criminels (28 %) et économiques (13 %).

Par rapport à 1989, première année où cette question fut posée (quoique sous une forme légèrement modifiée, le problème de maturité n'étant pas cité), l'ordre de priorité est resté sensiblement le même.

Au niveau de l'Europe des Douze, c'est d'abord le fait que les drogués représentent une charge pour la société qui est cité en premier lieu (29 % en 1989 contre 27 % en 1995) et le problème économique qui est cité par le moins de répondants (6 % et 4 % respectivement). En automne 1989, l'accent était ensuite mis sur le problème de santé: 26 % des répondants estimaient que les drogués se détruisent la santé. En 1995, cette préoccupation n'occupe plus que la troisième place avec 15 % de citations.

Le fait qu'en 1995, les pourcentages de citations soient systématiquement inférieurs à ceux de 1989 et 1990 s'explique évidemment parce que, depuis 1992, on a ajouté un nouvel item ("un problème de maturité"). Par rapport à 1992, on n'observe guère d'évolution significative.

Tableau 1: Les drogués sont d'abord un problème (% par pays, 1989-1995)

Pays	Année	de maturité	social	de santé	moral	criminel	économique
B	1989/2	-	28	25	29	12	5
	1990/2	-	29	19	27	19	7
	1992/1	29	20	19	17	10	5
	1995/1	28	28	12	18	9	4
DK	1989/2	-	36	24	21	12	6
	1990/2	-	42	22	21	10	3
	1992/1	17	41	15	13	10	3
	1995/1	22	37	11	15	8	4
WD	1989/2	-	28	28	19	14	8
	1990/2	-	30	24	15	21	7
	1992/1	23	25	21	15	13	2
	1995/1	31	23	15	14	13	3
D	1989/2	-	-	-	-	-	-
	1990/2	-	31	23	15	21	7
	1992/1	22	29	20	14	13	2
	1995/1	30	25	15	14	12	3
OD	1989/2	-	-	-	-	-	-
	1990/2	-	36	19	14	21	5
	1992/1	19	42	13	11	11	3
	1995/1	25	35	17	10	10	3
GR	1989/2	-	26	24	36	7	3
	1990/2	-	32	31	22	12	2
	1992/1	19	25	30	18	7	1
	1995/1	27	21	25	18	6	2
E	1989/2	-	33	24	16	14	8
	1990/2	-	31	27	16	20	5
	1992/1	40	22	14	10	7	5
	1995/1	33	24	15	14	8	4
F	1989/2	-	28	27	29	10	4
	1990/2	-	32	20	28	11	6
	1992/1	24	24	21	22	6	3
	1995/1	20	29	17	26	4	4
IRL	1989/2	-	26	32	19	11	5
	1990/2	-	29	35	14	14	3
	1992/1	23	24	22	12	13	5
	1995/1	32	23	15	10	12	5
I	1989/2	-	38	14	28	13	4
	1990/2	-	37	12	25	20	3
	1992/1	31	22	15	19	11	3
	1995/1	32	26	13	19	7	3
L	1989/2	-	22	29	26	13	6
	1990/2	-	30	24	28	12	4
	1992/1	33	20	19	16	7	4
	1995/1	20	26	17	21	8	6
NL	1989/2	-	31	23	21	20	4
	1990/2	-	33	20	21	22	3
	1992/1	8	32	15	16	24	4
	1995/1	9	34	14	18	16	6
P	1989/2	-	22	21	22	18	11
	1990/2	-	31	20	23	21	3
	1992/1	31	21	23	13	8	4
	1995/1	26	27	17	10	14	3
UK	1989/2	-	21	37	21	12	5
	1990/2	-	28	27	24	15	4
	1992/1	17	24	19	17	16	5
	1995/1	22	28	14	13	11	5
UE12	1989/2	-	29	26	23	13	6
	1990/2	-	32	22	21	17	5
	1992/1	25	25	18	16	11	3
	1995/1	26	27	15	17	9	4
A	1995/1	27	25	17	12	10	3
SF	1995/1	25	16	29	11	12	4
S	1995/1	26	27	15	16	10	4
UE15	1995/1	26	27	15	16	10	4

Note: NSP compris

Tableau 2: Les drogués sont ensuite un problème (% par pays, 1989-1995)

Pays	Année	de maturité	social	de santé	moral	criminel	économique
B	1989/2	-	16	33	25	14	9
	1990/2	-	19	29	21	16	10
	1992/1	11	16	20	20	19	12
	1995/1	13	17	15	20	17	12
DK	1989/2	-	16	30	20	18	12
	1990/2	-	18	27	18	24	8
	1992/1	9	19	21	14	25	9
	1995/1	11	21	18	18	20	7
WD	1989/2	-	16	29	22	18	10
	1990/2	-	17	27	19	21	11
	1992/1	12	16	20	16	26	8
	1995/1	16	13	19	16	25	8
D	1989/2	-	-	-	-	-	-
	1990/2	-	17	25	19	21	12
	1992/1	12	16	19	17	27	8
	1995/1	15	13	19	16	24	9
OD	1989/2	-	-	-	-	-	-
	1990/2	-	18	20	20	20	14
	1992/1	9	17	16	17	30	9
	1995/1	13	16	17	17	24	12
GR	1989/2	-	10	22	27	8	6
	1990/2	-	16	38	21	16	7
	1992/1	15	12	28	26	14	6
	1995/1	17	12	27	21	11	9
E	1989/2	-	13	31	19	15	13
	1990/2	-	16	32	21	16	11
	1992/1	14	15	17	25	16	10
	1995/1	19	15	20	19	14	9
F	1989/2	-	15	32	29	13	9
	1990/2	-	17	31	24	15	10
	1992/1	14	17	23	23	11	11
	1995/1	15	13	21	26	12	11
IRL	1989/2	-	18	29	21	15	9
	1990/2	-	22	29	21	17	7
	1992/1	10	19	25	18	19	8
	1995/1	15	20	17	14	21	10
I	1989/2	-	16	32	23	15	8
	1990/2	-	15	29	20	21	9
	1992/1	17	18	16	19	20	8
	1995/1	17	19	17	21	15	10
L	1989/2	-	17	28	21	18	10
	1990/2	-	17	25	24	18	12
	1992/1	11	18	19	20	19	13
	1995/1	13	16	14	20	18	14
NL	1989/2	-	24	22	19	24	8
	1990/2	-	23	24	17	27	6
	1992/1	6	22	16	15	29	8
	1995/1	6	20	19	15	26	11
P	1989/2	-	12	25	27	15	14
	1990/2	-	15	27	27	17	9
	1992/1	11	15	20	23	18	12
	1995/1	10	15	15	17	22	15
UK	1989/2	-	17	28	26	16	7
	1990/2	-	18	30	21	18	8
	1992/1	11	19	23	16	21	8
	1995/1	11	20	19	17	19	8
UE12	1989/2	-	16	30	24	16	9
	1990/2	-	17	29	21	19	10
	1992/1	13	17	20	19	20	9
	1995/1	15	16	19	19	18	10
A	1995/1	13	16	20	18	16	9
SF	1995/1	15	16	18	13	22	9
S	1995/1	14	23	14	12	25	6
UE15	1995/1	14	16	19	19	18	9

Note: NSP compris

Dans tous les pays de l'Union Européenne et pour toute la période envisagée, il apparaît clairement (tableaux 1 et 2) que le problème économique, les gaspillages auxquels les drogués se livrent, le fait qu'ils se ruinent, ne constitue pas une grande préoccupation: ce problème arrive systématiquement en dernière position.

A l'inverse, dans tous les pays sauf la Grèce, le Luxembourg (mais de manière non significative), les Pays-Bas et la Finlande, l'accent est d'abord mis sur le problème de santé et de maturité (tableau 1). En 1995, ces deux problèmes étaient les deux premiers problèmes les plus fréquemment cités dans ces différents pays.

Les Pays-Bas sont le seul pays à avoir un classement atypique: le problème de maturité n'y recueillait en effet que 8 % de citations en 1992 et 9 % cette année. En Finlande, l'accent est d'abord mis sur le problème de santé (29 %).

Dans un certain nombre de pays, on observe des glissements parfois importants entre 1992 et 1995, les deux années strictement comparables, au niveau des deux premières places. Ainsi (tableau 1):

- en Belgique, en Irlande et au Luxembourg, l'accent passe du problème de maturité au problème social;

- en Allemagne et en Grèce, c'est l'inverse qui se passe.

D'une manière générale, le classement ne varie guère selon les variables socio-démographiques standard. Les seules différences sensibles concernent les pourcentages de premières citations allant aux problèmes de maturité et moral. Ainsi constate-t-on que:

- les femmes citent plus souvent les problèmes de santé et moraux que les hommes (16 % contre 14 % et 18 % contre 15 % respectivement);[9]

- les gens plus instruits mettent plus l'accent sur le problème moral et moins sur le problème de maturité: 21 % des personnes qui ont terminé leur scolarité après 20 ans (et 26 % de ceux qui sont encore aux études) citent le problème moral en premier lieu contre seulement 10 % de ceux qui ont quitté l'école avant 15 ans; à l'inverse, en ce qui concerne la maturité, les pourcentages sont respectivement de 23 % et 30 %;

---

[9] Sauf indications contraires, les pourcentages pour les relations bivariées sont donnés NSP/SR non compris.

- les gens qui se classent à droite sur une échelle harmonisée gauche/droite[10] sont plus nombreux à mettre l'accent sur le problème criminel (11 % contre 8% de ceux qui se classent à gauche) et sur le problème de maturité (28 % contre 24 %); ils sont par contre moins nombreux à citer le problème moral (14 % contre 19 %);

- les catholiques sont nettement plus nombreux (29 %) que les autres en général, et que les athées en particulier (22 %) à citer en premier lieu un problème de maturité. De même, le nombre de citations de ce problème augmente fortement avec la pratique religieuse: les non pratiquants ne sont que 23 % à citer le problème de maturité contre 34 % de ceux qui se rendent plusieurs fois par semaine à l'église. A l'inverse, le pourcentage de répondants estimant qu'il s'agit là avant tout d'un problème social diminue avec la pratique religieuse, passant de 28 % à 20 % respectivement.

2.1.2. L'ÉCHANTILLON JEUNES.

Avant d'aller plus loin dans les analyses concernant les jeunes Européens, remarquons que, d'une manière générale, les jeunes sont moins nombreux que les autres à penser que le fait de se droguer est avant tout un problème de maturité et plus nombreux à penser que c'est un problème moral. Ainsi que le montre le graphique 1 en effet, 22 % seulement des 15-24 ans (EB 43.0 et 43.1) citent le problème de maturité en premier lieu contre 26 % des répondants de l'échantillon standard (et 31 % des 55 ans et plus); à l'inverse, 23% des jeunes disent que c'est d'abord un problème moral contre 11 % seulement des plus de 55 ans.

A l'exception de l'Allemagne, de la France et du Luxembourg, l'ordre de priorité parmi les jeunes de 15 à 24 ans est le même que pour l'ensemble des Européens (tableau 3). Les jeunes Français et les jeunes Luxembourgeois sont les seuls à citer le problème moral en premier lieu (37 % et 31 % respectivement). Partout, le problème économique arrive en dernière position en nombre de citations.

En gros, on retrouve les mêmes variations en termes de variables socio-démographiques au niveau des jeunes de 15 à 24 ans qu'au niveau de l'ensemble des Européens.

---

[10] Voir annexe 10.3.1. pour la manière dont cette échelle est construite.

Tableau 3: Les drogués sont un problème (% par pays, 1995, échantillon jeunes)

Pays		de maturité	social	de santé	moral	criminel	économique
B	D'abord	24	27	12	23	9	4
	En 2ème lieu	14	21	14	25	12	11
DK	D'abord	10	39	10	25	12	3
	En 2ème lieu	10	18	12	21	28	8
WD	D'abord	21	26	13	24	13	2
	En 2ème lieu	16	11	22	16	23	8
D	D'abord	22	26	14	22	13	2
	En 2ème lieu	15	12	21	17	22	8
OD	D'abord	27	27	14	12	15	3
	En 2ème lieu	12	16	20	20	18	10
GR	D'abord	34	24	18	19	4	1
	En 2ème lieu	19	10	27	24	12	7
E	D'abord	31	25	13	20	5	4
	En 2ème lieu	22	13	17	23	11	10
F	D'abord	13	27	18	37	3	3
	En 2ème lieu	14	15	25	26	11	8
IRL	D'abord	27	26	15	14	9	8
	En 2ème lieu	18	20	18	15	18	9
I	D'abord	31	22	12	27	5	2
	En 2ème lieu	20	20	19	23	12	6
L	D'abord	20	18	15	31	5	9
	En 2ème lieu	15	17	15	22	14	11
NL	D'abord	10	32	15	27	15	2
	En 2ème lieu	4	21	20	13	31	9
P	D'abord	30	33	12	13	7	3
	En 2ème lieu	12	16	12	23	18	13
UK	D'abord	17	23	13	20	12	6
	En 2ème lieu	14	14	24	15	19	9
A	D'abord	24	20	17	20	10	3
	En 2ème lieu	11	18	15	22	13	10
SF	D'abord	18	15	25	21	14	5
	En 2ème lieu	18	14	18	16	23	8
S	D'abord	13	28	11	18	26	3
	En 2ème lieu	15	20	15	15	24	9
UE15	D'abord	22	25	14	24	9	3
	En 2ème lieu	16	15	21	20	17	8

Note: NSP compris

2.1.3. QUALIFICATION DES TOXICOMANES.

Dans l'EB 32.A de l'automne 1989, on avait également posé une question sur ce qu'était un toxicomane pour les répondants. Il s'agit d'une question quelque peu similaire à la question suivante (2.2) portant sur les conséquences de la consommation de drogues. La question était la suivante:

> Question 98: On peut voir les toxicomanes de diverses façons. Voici quelques termes utilisés spontanément pour les qualifier. Pour vous, un toxicomane, un individu dépendant d'une drogue dont il ou elle ne peut plus se passer, est-ce ...? Et ensuite...?
> (SEULEMENT DEUX REPONSES POSSIBLES)
> Une victime des trafiquants
> Un malade qu'il faut soigner
> Un individu faible de caractère
> Un exclu de notre société
> Un délinquant en puissance
> Une personne qui risque de répandre le SIDA

Pour les Européens, les toxicomanes étaient essentiellement, par ordre décroissant d'importance:[11]

- un malade qu'il faut soigner (50 %),

- une victime des trafiquants (47 %),

- un individu faible de caractère (40 %),

et plus rarement:

- un exclu de notre société (14 %),

- une personne qui risque de répandre le SIDA (14 %),

- et un délinquant en puissance (10 %).

L'accent était donc visiblement mis sur la compréhension et les soins, même si la faiblesse de caractère était soulignée par quatre répondants sur dix.

Les jeunes de moins de 25 ans, et surtout les étudiants, mettaient davantage l'accent sur les aspects "un malade" et "un exclu de notre société". C'était également le cas de ceux qui connaissaient personnellement des toxicomanes. Les personnes de plus de 55 ans, par contre, qualifiaient plus volontiers les toxicomanes de "faibles de caractère" et de "victimes des trafiquants".

---

[11] Voir INRA (1990: 57-59).

2.2. ATTITUDES À L'ÉGARD DE LA DROGUE.

Question 49: Pensez-vous que la consommation de drogues peut conduire ou non...?
    a) Au SIDA
    b) A la prostitution
    c) A des problèmes de santé
    d) A des problèmes sociaux
    e) A la violence
    f) Au suicide
    g) A la déchéance de la personnalité
    h) A des problèmes avec la justice

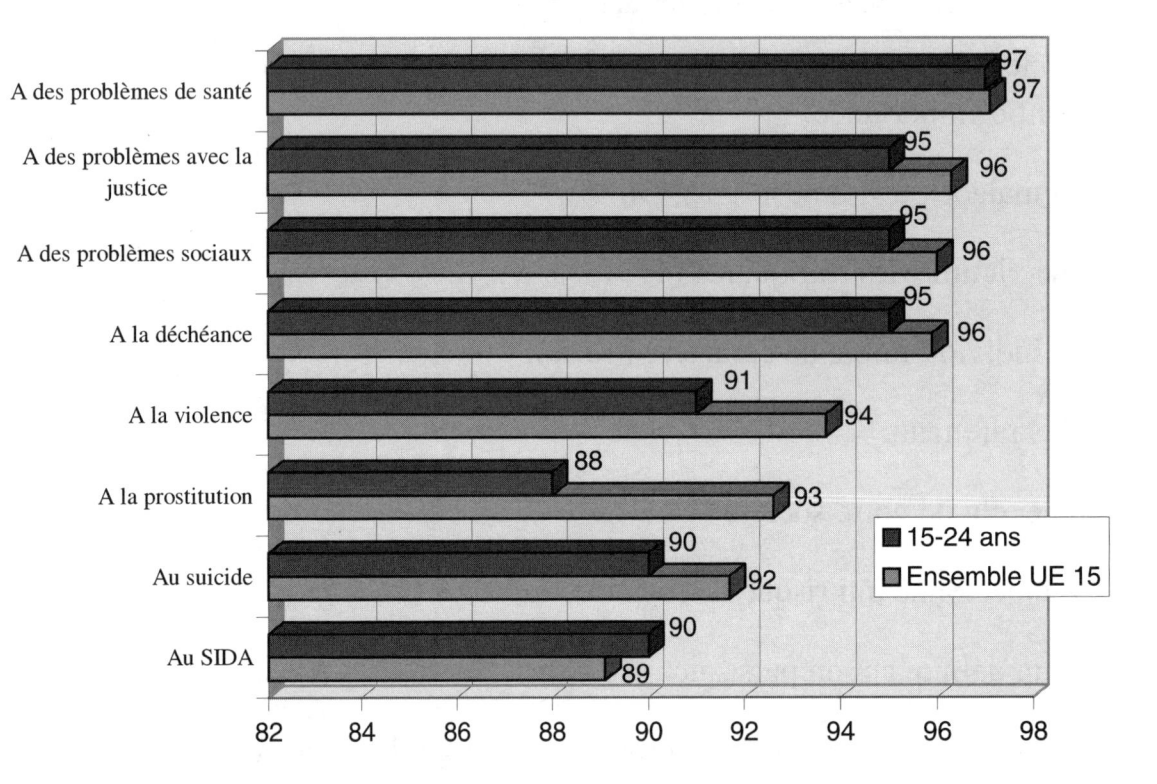

Graphique 2: La consommation de drogues peut conduire:

2.2.1. L'ÉCHANTILLON STANDARD.

La première chose qui ressort du graphique 2, ce sont les pourcentages extrêmement élevés de réponses positives à tous les items. A l'exception du SIDA en effet (89 %), tous les pourcentages sont supérieurs à 90 %.

Au niveau de l'Europe des Quinze, 97 % des répondants pensent que la consommation de drogues peut conduire à des problèmes de santé. C'est l'item le plus cité, mais de peu. Un pourcentage presque identique (96 %) pense en effet que cela peut tout aussi bien conduire à des problèmes sociaux, à la déchéance de la personnalité et à des problèmes avec la justice.

Pour beaucoup d'Européens, la drogue conduit également à l'exclusion sociale. C'est ce qui ressortait d'une enquête sur la perception de la pauvreté et de l'exclusion sociale en Europe, réalisée en automne 1993, dans le cadre de l'Eurobaromètre 40.[12] 65 % des répondants associaient en effet la dépendance envers la drogue à une situation d'exclusion sociale et 37 % à une situation de pauvreté.[13] D'autre part, pour 24 % des répondants, la drogue était une cause de pauvreté.[14]

Au niveau de l'Europe des Douze (tableau 4), on n'observe pas d'évolution statistiquement significative entre 1992, première année où cette question a été posée, et 1995.

De même, on n'observe guère de différences entre les différents pays de l'Union européenne. Partout, c'est la même quasi-unanimité. Partout également, sauf en Espagne et en Italie, le SIDA arrive en dernière place comme conséquence possible de la consommation de drogues. Dans ces deux pays, c'est le suicide qui est le moins souvent cité (par 91 % et 88 % des répondants respectivement).

---

[12] Voir Rigaux (1994)

[13] La question était la suivante: "Pour chacune des situations suivantes, diriez-vous qu'il s'agit de pauvreté (A)/d'exclusion sociale (B) ?". 12 situations étaient proposées dont "être dépendant de la drogue". Cet item arrivait en troisième position en ce qui concerne l'exclusion sociale (*split ballot* B), derrière "vivre dans la rue parce qu'on n'a pas de logement" (81 %) et "vivre dans la pauvreté" (67 %).

[14] La question était: "Parmi les causes suivantes qui peuvent expliquer que des gens sont pauvres, quelles sont à votre avis, les trois les plus fréquentes ?" 16 causes étaient proposées dont "la drogue"et "l'alcoolisme". Les toxicomanies (alcool: 30 % et drogue: 24 %) arrivaient en deuxième et cinquième positions, après le chômage prolongé (62 %).

Tableau 4: La consommation de drogues peut conduire (% par pays, 1992-1995)

Pays	Année	SIDA	Prostitution	Problèmes de santé	Problèmes sociaux	Violence	Suicide	Déchéance	Problèmes avec justice
B	1992/1	84	89	96	95	93	92	94	94
	1995/1	86	92	98	97	94	92	97	96
DK	1992/1	92	98	99	99	98	97	99	97
	1995/1	89	99	99	99	96	97	98	98
WD	1992/1	87	91	95	95	91	91	94	95
	1995/1	87	95	94	94	90	89	94	95
D	1992/1	86	90	95	95	91	91	95	95
	1995/1	86	94	95	95	91	90	94	95
OD	1992/1	79	87	98	95	92	93	97	94
	1995/1	82	91	98	98	92	91	97	95
GR	1992/1	87	94	98	96	96	95	95	97
	1995/1	87	90	99	97	97	96	97	97
E	1992/1	92	93	97	96	96	91	95	97
	1995/1	91	95	97	95	94	90	96	96
F	1992/1	92	94	99	97	94	96	98	98
	1995/1	89	92	99	97	93	93	98	97
IRL	1992/1	93	89	97	96	97	96	95	97
	1995/1	98	94	99	97	98	97	97	98
I	1992/1	93	94	98	96	96	89	94	96
	1995/1	92	91	99	96	96	88	95	97
L	1992/1	89	87	93	92	89	91	91	92
	1995/1	88	94	97	95	91	91	92	94
NL	1992/1	86	95	98	98	96	92	97	98
	1995/1	89	95	97	96	94	91	97	97
P	1992/1	88	93	97	94	95	93	91	94
	1995/1	94	98	99	96	96	95	96	97
UK	1992/1	93	90	98	97	96	96	96	98
	1995/1	90	90	97	96	95	95	96	97
UE12	1992/1	90	92	97	96	95	93	95	97
	1995/1	89	93	97	96	94	92	96	97
A	1995/1	84	91	95	95	91	91	95	94
SF	1995/1	93	93	99	99	99	98	97	99
S	1995/1	92	99	98	99	99	97	98	98
UE15	1995/1	89	93	97	96	94	92	96	96

Note: NSP compris

Cette belle unanimité se retrouve aux niveaux des variables socio-démographiques. A l'exception de l'âge, on ne note aucune différence notable (c-à-d. de plus de 3 %) entre les différents groupes sociaux.

Les deux seules différences que l'on peut relever (et encore sont-elles relativement faibles) concernent le SIDA et la prostitution. Dans les deux cas, les plus jeunes sont marginalement moins nombreux à penser que la consommation de drogues peut conduire à ces deux issues. En 1995:

- 90 % des jeunes de 15 à 24 ans, mais aussi 85 % des personnes de plus de 55 ans pensaient que la consommation de drogues pouvait conduire au SIDA contre 92 % des 25-39 ans;

- 88 % des 15-24 ans estimaient que cela pouvait mener à la prostitution contre 94 % des 25-39 ans, 95 % des 40-54 ans et 93 % des 55 ans et plus.

2.2.2. L'ÉCHANTILLON JEUNES.

Tableau 5: La consommation de drogues peut conduire (% par pays, 1995, échantillon jeunes)

Pays	SIDA	Prostitution	Problèmes de santé	Problèmes sociaux	Violence	Suicide	Déchéance	Problèmes avec justice
B	90	86	97	96	93	90	97	96
DK	94	99	98	98	96	97	97	96
WD	86	93	95	93	87	91	92	95
D	85	93	96	94	87	91	93	95
OD	84	90	98	98	90	94	98	96
GR	89	90	100	98	95	96	98	96
E	91	91	97	95	93	88	97	96
F	89	84	98	95	90	88	97	95
IRL	98	91	99	98	97	97	96	99
I	91	83	99	95	94	83	95	95
L	89	93	96	92	88	94	91	94
NL	91	92	95	93	90	85	92	92
P	97	98	99	98	96	97	98	98
UK	92	84	95	93	91	93	92	95
A	89	90	92	89	87	89	90	90
SF	97	95	99	99	99	98	96	99
S	94	99	99	99	99	97	98	99
EC15	90	88	97	95	91	90	95	95

Note: NSP compris

Si les pourcentages diffèrent quelque peu au niveau des réponses des jeunes Européens par rapport à celles de l'ensemble des Européens, le classement est, par contre pratiquement identique. Ainsi que le montre le tableau 5 en effet, ce sont les problèmes de santé qui sont cités le plus fréquemment par les jeunes de 15 à 24 ans (97 %), suivis des problèmes sociaux, de la déchéance et des problèmes avec la justice (95 %).

Dans tous les pays, les pourcentages de citations sont extrêmement élevés pour tous les items. Tout au plus peut-on remarquer que:

- les jeunes Irlandais sont nettement plus nombreux à citer le SIDA (98 % contre 90 % au niveau de l'ensemble des jeunes Européens);

- les jeunes Nordiques (Danois, Suédois et Finlandais) ainsi que les jeunes Portugais mentionnent plus souvent la prostitution (99 %, 99 %, 95 % et 98% respectivement);

- le suicide est plus souvent cité par les jeunes Nordiques, les jeunes Grecs, Irlandais et Portugais.

3. PRINCIPALES RAISONS POUR LESQUELLES ON SE DROGUE.

Pourquoi se drogue-t-on ? C'est ce qu'on a demandé à nos répondants au moyen de la question suivante.[15]

Question 50: A votre avis, quelles sont les raisons principales pour lesquelles certaines personnes consomment de la drogue (PLUSIEURS RÉPONSES POSSIBLES)
Echec scolaire ou professionnel
Oublier ses problèmes
Solitude
Faire comme ses amis
Améliorer ses performances
Se faire des amis
Se donner confiance
Problèmes familiaux
Problèmes relationnels
NSP

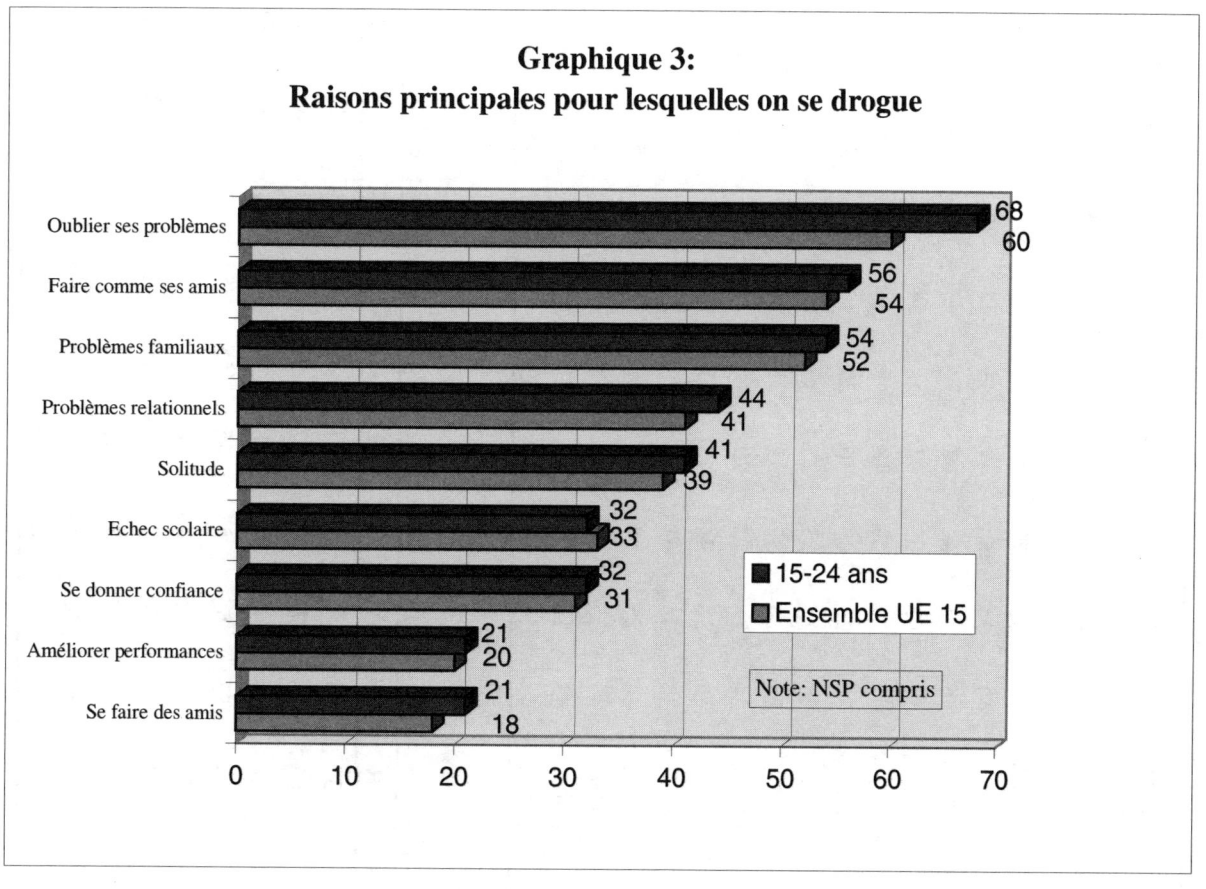

---

[15] En 1992, dans la même enquête (EB 37.0), on avait également demandé aux répondants quelles étaient les raisons principales pour lesquelles certaines personnes boivent trop de boissons alcoolisées. La même liste de neuf raisons leur était proposée.

Tableau 6: Raisons principales pour lesquelles on prend de la drogue (% par pays, 1992-1995)

	Année	B	DK	WD	D	OD	GR	E	F	IRL	I	L	NL	P	UK	UE12	A	SF	S	UE15
Echec scolaire ou professionnel	1992/1	37	30	54	53	46	35	35	37	26	22	47	22	44	20	34	-	-	-	-
	1995/1	34	37	49	50	53	25	28	36	24	15	45	35	24	24	32	46	33	40	33
Oublier ses problèmes	1992/1	54	59	70	70	70	49	54	59	44	45	54	57	53	48	56	-	-	-	-
	1995/1	64	58	70	71	73	53	54	64	54	51	59	61	48	59	61	57	48	64	60
Solitude	1992/1	40	34	50	49	43	47	33	39	27	40	31	33	47	26	39	-	-	-	-
	1995/1	36	34	42	42	39	43	24	44	35	48	39	43	31	34	39	38	30	40	39
Faire comme ses amis	1992/1	57	63	65	62	51	54	59	53	59	51	42	58	50	69	58	-	-	-	-
	1995/1	64	64	49	48	43	54	55	41	59	47	51	64	36	77	54	48	49	58	54
Améliorer ses performances	1992/1	38	23	37	36	29	17	23	24	23	26	18	14	18	21	26	-	-	-	-
	1995/1	26	15	23	23	27	13	16	15	23	16	19	15	11	28	20	22	13	29	20
Se faire des amis	1992/1	28	26	37	35	25	20	27	19	20	18	18	16	22	20	24	-	-	-	-
	1995/1	24	28	22	20	14	17	21	13	22	9	21	22	15	23	18	19	18	25	18
Se donner confiance	1992/1	36	38	44	42	33	27	31	32	37	23	16	23	29	41	34	-	-	-	-
	1995/1	32	35	31	31	29	24	29	28	47	18	25	28	20	47	30	27	37	50	31
Problèmes familiaux	1992/1	44	26	58	55	45	76	50	56	31	49	49	19	69	28	48	-	-	-	-
	1995/1	46	35	55	55	53	72	48	59	37	58	62	35	48	45	52	57	35	43	52
Problèmes relationnels	1992/1	43	16	53	50	41	53	45	43	23	40	33	27	46	25	40	-	-	-	-
	1995/1	44	11	45	44	43	47	40	45	28	45	30	35	23	35	41	45	54	24	41

Tableau 7: Principales raisons pour lesquelles on prend de la drogue (% par pays, 1995, échantillon jeunes)

	B	DK	WD	D	OD	GR	E	F	IRL	I	L	NL	P	UK	UE12	A	SF	S	UE15
Echec scolaire ou professionnel	30	35	48	49	53	30	27	37	21	13	50	33	33	23	31	49	26	29	32
Oublier ses problèmes	63	76	78	77	72	62	61	71	60	60	75	76	51	69	68	63	66	77	68
Solitude	38	44	48	46	38	44	24	46	33	49	39	42	39	32	41	37	28	43	41
Faire comme ses amis	64	53	55	53	45	55	54	44	58	50	52	68	41	78	56	45	45	66	56
Améliorer ses performances	26	14	25	26	30	15	16	15	26	15	14	19	10	30	20	29	17	26	21
Se faire des amis	22	25	30	28	16	19	23	12	23	12	18	22	17	31	21	24	18	20	21
Se donner confiance	30	32	37	36	31	27	29	27	46	16	14	32	23	52	32	33	39	43	32
Problèmes familiaux	50	36	62	59	51	73	43	65	38	58	54	41	57	49	55	57	35	50	55
Problèmes relationnels	44	18	46	45	39	51	39	50	29	51	30	40	34	37	44	41	59	27	44

Note: NSP compris

3.1. L'ÉCHANTILLON STANDARD.

Six Européens sur dix pensent que si certaines personnes se droguent, c'est principalement pour oublier leurs problèmes (graphique 3). Plus d'un répondant sur deux pense que c'est pour faire comme ses amis (54 %) et en raison de problèmes familiaux (52 %). Les problèmes relationnels, avec 41 % de citations, arrivent en quatrième place. A l'inverse, seul un peu moins d'un Européen sur cinq pense que c'est pour se faire des amis (18 %) ou pour améliorer ses performances (20%).[16]

Par rapport au printemps 1992 (tableau 6), on n'observe guère d'évolution marquante, si ce n'est le fait que l'ordre des deux premières places est inversé: en 1992, au niveau de l'Europe des Douze, "se faire des amis" était l'item le plus cité (58 %). "Oublier ses problèmes" arrivait en deuxième place (56 %).

Quand on compare les raisons principales pour lesquelles on se drogue avec celles pour lesquelles on boit (printemps 1992), on constate que, dans les deux cas, oublier ses problèmes est parmi les motivations les plus importantes: elle arrivait en effet en première position en ce qui concerne la boisson (70 % de citations). La deuxième raison la plus souvent citée était la solitude (58 %). Venaient ensuite les problèmes familiaux (46 %). On notera que, dans les deux cas (drogue et boisson), l'amélioration de ses performances et se faire des amis étaient les deux raisons les moins souvent citées (14 % de citations pour les performances et 24 % pour "se faire des amis" dans le cas de la boisson).

En 1995, "oublier ses problèmes" était l'item le plus cité dans 6 pays européens sur 15.[17] Par ordre d'importance décroissant, il s'agit (tableau 6):

- de l'Allemagne (71 %);

- de la Belgique (64 %);

- de la France (64 %);

- de la Suède (64 %);

- de l'Autriche (57 %);

---

[16] Ce dernier item est quelque peu ambigu, dans la mesure où on ne précisait pas de quelles performances il s'agissait. Les répondants pouvaient dès lors avoir des idées bien différentes en tête quand ils ont répondu à cette question (performances intellectuelles, sexuelles, sociales, etc.).

[17] A l'exception de la Finlande et du Portugal, cet item était cité par plus d'un répondant sur deux dans tous les pays.

- du Portugal (48 %).

Dans les sept pays suivants, l'item le plus cité était "faire comme ses amis":

- le Royaume-Uni (77 %);
- la Belgique à nouveau (64 %);
- le Danemark (64 %);
- les Pays-Bas (64 %);
- l'Irlande (59 %);
- l'Espagne (55 %);
- la Finlande (49 %).

Enfin, dans cinq pays, c'étaient les problèmes familiaux qui étaient le plus souvent cités parmi les raisons principales pour lesquelles certaines personnes consomment de la drogue:

- la Grèce (72 %);
- le Luxembourg (62 %)
- l'Italie (58 %);
- l'Autriche (57 %);
- le Portugal (48 %).

Parmi les différences socio-démographiques intéressantes, on notera, entre autres, que:

En ce qui concerne l'item "oublier ses problèmes" (60 % de citations au niveau de l'UE 15 en 1995):

- les cadres citent plus souvent cet item (63 %) que la moyenne;
- plus on est jeune, plus on a tendance à penser qu'on se drogue pour oublier ses soucis (68 % des 15-24 ans pensent ainsi contre 53 % des 55 ans et plus);

- les protestants et les athées sont plus nombreux à avancer cette raison (63% et 64 % respectivement) que les catholiques et les orthodoxes (y inclus protestants réformés)[18] (59 % et 53 %).

En ce qui concerne l'item "faire comme ses amis" (54 % de citations):

- on observe les mêmes variations selon la religion (les protestants et les athées sont nettement plus nombreux à citer cette raison que les catholiques et les orthodoxes) et la pratique religieuse (plus on est pratiquant, plus on tend à citer cette raison);

- de même, et les deux sont sans doute liés, les gens de droite citent plus souvent cet item que les gens de gauche (55 % contre 52 %).

En ce qui concerne les problèmes familiaux (52 % des citations):

- les femmes sont quelque peu plus nombreuses à avancer cette motivation (55 % contre 49 %);

- relation habituelle au niveau de la religion.

En ce qui concerne les problèmes relationnels (41 % des citations):

- le nombre de citations augmente avec le niveau d'instruction scolaire (35% chez ceux qui ont quitté l'école avant 15 ans contre 46 % chez ceux qui ont terminé après 20 ans);

- les personnes de plus de 55 ans sont moins nombreuses à avancer cette raison que les autres (35 % contre environ 43 % dans les autres catégories d'âge);

- les cadres et les personnes à revenus élevés citent plus souvent cette raison que les autres: 47 % des cadres et 45 % des personnes à revenus élevés (++)[19] contre 37 % des personnes aux revenus les plus faibles (--);

En ce qui concerne la "solitude" (39 % de citations):

- les femmes sont un peu plus nombreuses que les hommes à penser que c'est là une des principales raisons de se droguer (42 % contre 36 %);

---

[18] Aux Pays-Bas uniquement.
[19] Pour la manière dont cet indice a été construit, voir annexe 10.3.2.

- pour la religion et la pratique religieuse, on observe la relation habituelle.

En ce qui concerne l'item "pour se donner confiance" (31 % des citations):

- outre l'habituelle relation au niveau de la religion, on remarque que les cadres sont plus nombreux à citer cette raison (34 %).

En ce qui concerne l'amélioration de ses performances (20 % de citations):

- les cadres citent plus souvent cette raison (23 %);
- on observe la relation habituelle en ce qui concerne la religion.

Enfin en ce qui concerne l'item "se faire des amis" (18 % des citations):

- les jeunes de 15-24 ans sont plus nombreux à citer cette raison (21 %) que les autres;
- relation habituelle en ce qui concerne la religion.

3.2. L'ÉCHANTILLON JEUNES.

On retrouve pratiquement le même classement au niveau des jeunes Européens qu'au niveau de l'ensemble des répondants. Comme l'ensemble des Européens, les jeunes pensent que si certaines personnes consomment de la drogue, c'est d'abord pour oublier leurs problèmes (68 %), ensuite pour faire comme leurs amis (56 %) et, en troisème lieu à cause de problèmes familiaux (55 %).

A l'exception du Portugal, du Royaume-Uni et, dans une moindre mesure de la Belgique, les jeunes des différents pays de l'Union Européenne s'accordent pour mentionner en premier lieu l'item "oublier ses problèmes". Au Royaume-Uni et en Belgique (mais de peu), "faire comme ses amis" est le plus souvent cité (77 % et 64% respectivement). Au Portugal, ce sont les problèmes familiaux qui sont le plus souvent mentionnés.

D'une manière générale, les différences socio-démographiques observées au niveau de l'ensemble des répondants européens (EB 43.0) se retrouvent chez les jeunes de 15 à 24 ans. D'autres variations sont toutefois parfois plus marquées au niveau des jeunes répondants. Mentionnons les plus intéressantes:

- Les jeunes femmes citent plus souvent que les jeunes hommes l'item "oublier ses soucis" et "se donner confiance" (71 % et 36 % respectivement contre 65% et 29 % chez les jeunes garçons).

- Les jeunes de 15 à 19 ans sont plus enclins à penser que si l'on se drogue, c'est pour faire comme ses amis (59 % contre 53 % parmi les 20-24 ans). Par contre, ils citent nettement moins souvent les problèmes relationnels (40 % contre 47 %).

- Ceux qui sont les moins instruits mentionnent nettement moins la solitude et la confiance (31 % et 18 % respectivement). Par contre, ceux qui ont terminé leurs études après 20 ans et ceux qui sont encore aux études sont plus nombreux que les autres à penser que si certaines personnes se droguent, c'est à cause d'un échec professionnel ou scolaire (38 % et 33 % contre 26% chez ceux qui ont quitté l'école avant 15 ans et 30 % chez ceux qui ont arrêté entre 15 et 19 ans).

- Enfin, notons que les jeunes qui utilisent le plus souvent les médias[20] mentionnent plus souvent que les autres l'item "oublier ses soucis" (72 %).

---

[20] Pour la manière dont cet indice est construit, voir annexe 10.3.3.

4. CONNAISSANCE ET ACCESSIBILITÉ DE DIFFÉRENTES DROGUES.

Il est évidemment difficile et surtout délicat, dans une enquête telle que l'Eurobaromètre, d'essayer de mesurer, de manière directe, la prévalence de la drogue au sein de la population européenne. On a donc abordé le problème indirectement: plutôt que de demander aux répondants s'ils avaient déjà pris un certain nombre de drogues, on leur a demandé s'ils connaissaient ces drogues, s'ils en avaient déjà vu certaines et si on leur en avait déjà proposé. Ces deux derniers items mesurent en quelque sorte le degré de familiarité des répondants avec la drogue, l'hypothèse étant que plus une personne est familière avec ces produits, plus elle est susceptible d'en avoir un jour consommé. On a ensuite demandé aux répondants dans quelle mesure ces différentes drogues étaient dangereuses et si c'était facile de s'en procurer.

4.1. CONNAISSANCE.

> Question 51: Parmi les drogues suivantes, quelles sont celles...[21]
> a) dont vous avez déjà entendu parler?
> b) que vous avez déjà vues ?
> c) que l'on vous a proposées ?
> d) qui, selon vous sont dangereuses ?
>
> Marijuana
> Cannabis/hachisch
> Morphine
> Héroïne
> Cocaïne
> LSD
> Crack
> Extasy
> Colle, solvants
> Anabolisants, produits dopants
> Aucune de celles-ci (SPONTANE)

---

[21] Il s'agit d'un *trend* modifié. En 1989 et 1990 (EB 32.A et EB 34.1), la question était: "Voici les noms de quelques drogues. Desquelles avez-vous déjà entendu parler ?" De plus, la liste des drogues citées a varié avec le temps: en 1989, 11 drogues étaient citées, en 1990, 13, en 1992, 9 et en 1995, 11. Enfin, en 1989 et 1990, la question ne concernait que l'item "entendu parler". Les items "déjà vues" et "déjà proposées" n'étaient pas repris. Quant au caractère dangereux, il faisait l'objet d'une question séparée (voir 4.1.4)

4.1.1. DROGUES DONT ON A DÉJÀ ENTENDU PARLER.

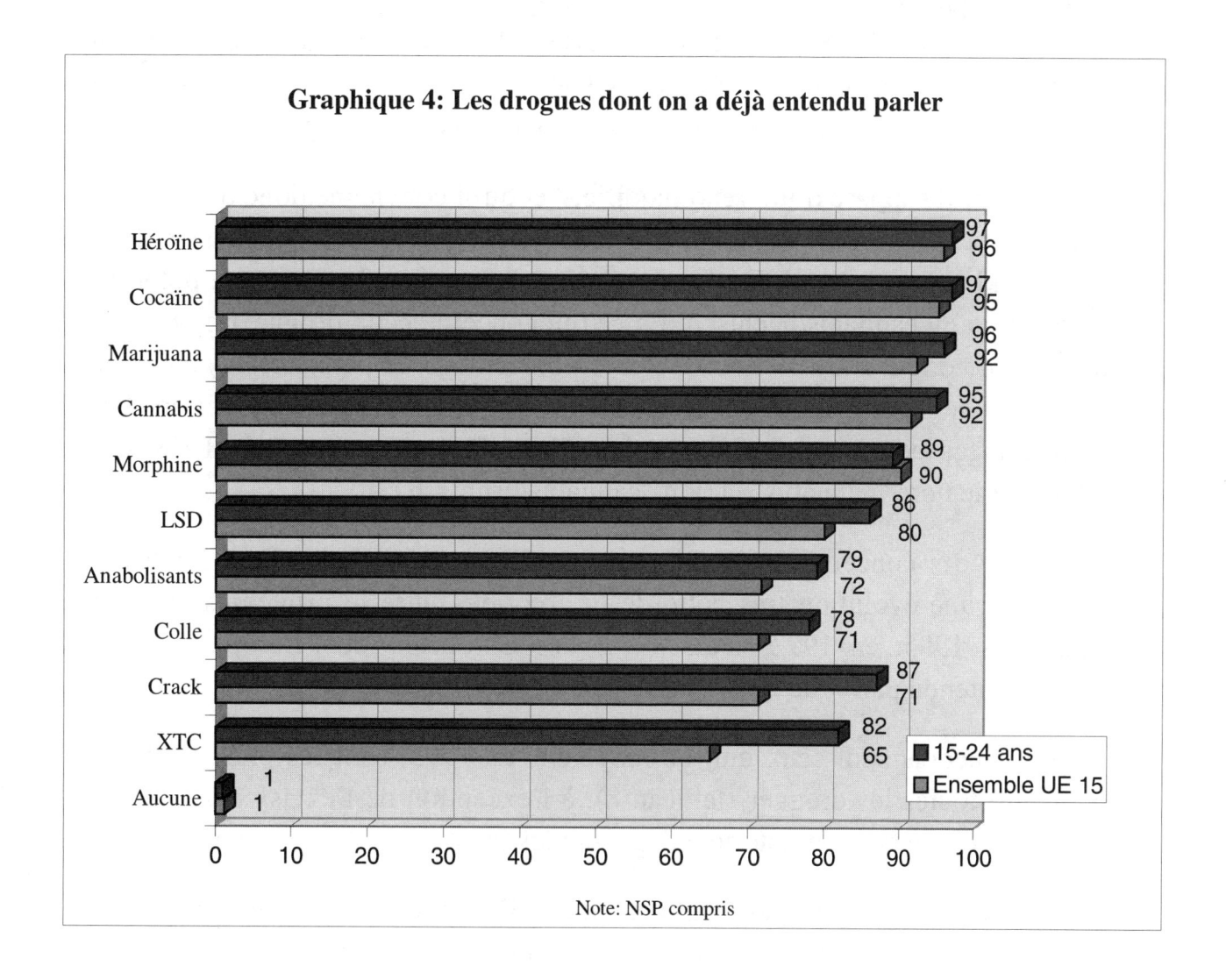

Graphique 4: Les drogues dont on a déjà entendu parler

Drogue	15-24 ans	Ensemble UE 15
Héroïne	97	96
Cocaïne	97	95
Marijuana	96	92
Cannabis	95	92
Morphine	89	90
LSD	86	80
Anabolisants	79	72
Colle	78	71
Crack	87	71
XTC	82	65
Aucune	1	1

Note: NSP compris

4.1.1.1. L'échantillon standard.

Dans l'ensemble, une majorité, souvent écrasante, d'Européens a entendu parler des drogues reprises dans la liste qui leur était soumise. Seul un Européen sur cent n'a jamais entendu parler d'une des dix drogues reprises sur la liste. Tous ces noms font donc désormais partie des connaissances et du vocabulaire des Européens.

Ainsi que le montre le graphique 4, plus de neuf Européens sur dix ont déjà entendu parler de l'héroïne (96 %), de la cocaïne (95 %), de la marijuana et du hachisch (92 %) et de la morphine (90 %). Sans surprise, ce sont donc les drogues les plus anciennes, les plus traditionnelles, qui sont les plus connues.

Les deux drogues les plus récentes, l'extasy et le crack, sont un peu moins connues, quoique plus de 2/3 des Européens interrogés (65 % et 71 % respectivement) en aient déjà entendu parler. 80 % des répondants connaissent le LSD. 71 % savent que la colle et les solvants peuvent aussi être des drogues. Enfin, 72 % ont déjà entendu parler des anabolisants et des dopants.

Quoiqu'il s'agisse d'un trend modifié,[22] et qu'il convienne donc d'être prudent dans les interprétations, en ce qui concerne les drogues pour lesquelles on dispose d'un trend complet, on n'observe guère d'évolution dans le niveau de notoriété, à l'exception du cannabis/hachisch. En ce qui concerne cette drogue, on observe un bond de notoriété entre 1989 et 1990: le pourcentage de personnes ayant entendu parler de cette drogue passe en effet de 74 % à 89 %. Cette différence de pourcentages pourrait toutefois résulter d'un effet sémantique: en 1988, on ne citait que le nom "cannabis" et non "cannabis/hachisch".[23]

En ce qui concerne la dernière drogue apparue sur le marché, l'extasy, on remarque une évolution très nette de la notoriété entre le printemps 1992 et le printemps 1995: en 1992, seuls 49 % des Européens de l'Europe des Douze avaient entendu parler de cette drogue; en 1995, ils étaient 65 %.

Les Suédois sont ceux qui, en moyenne, en 1995, sont les plus nombreux à connaître toutes les drogues (tableau 8): à l'exception de l'extasy en effet (78 % de notoriété), le taux de notoriété dépassait les 90 %.

A l'inverse, les Portugais sont ceux qui, à l'exception de la cocaïne, des colles et des anabolisants, avaient le moins entendu parler des différentes drogues. Ils étaient aussi, en toute logique, ceux qui étaient les plus nombreux à n'avoir entendu parler d'aucune de ces drogues (6 %). Cette moins grande notoriété des drogues au Portugal n'est pas nouvelle. On l'observe sur l'ensemble de la période étudiée.

En Autriche également, la plupart des drogues (marijuana, hachisch, morphine, héroïne, cocaïne, crack) tendent à être moins connues que dans les autres pays.

---

[22] La liste des drogues n'est pas restée la même. Dans l'EB 32 et 34, le tabac et l'alcool étaient repris dans la liste. Depuis l'EB 37, on a ajouté l'extasy. Dans l'EB 34, la liste comportait aussi les tranquillisants et les stimulants (amphés). Ces derniers ont été remplacés dans l'EB 43 par les anabolisants. De plus, dans l'EB 37 et 43, on a ajouté la catégorie "aucune de celles-ci".

[23] Ce bond est particulièrement fort au Portugal (où on passe de 19 % seulement en 1989 à 76 % en 1990), en Italie (de 25 % à 82 %) et au Luxembourg (de 49 % à 90 %).

Tableau 8: Les drogues dont on a déjà entendu parler (% par pays, 1989-1995)

Drogues	Année	B	DK	WD	D	OD	GR	E	F	IRL	I	L	NL	P	UK	UE12	A	SF	S	UE15
Marijuana	1989/2	89	92	91	-	-	84	88	93	88	91	86	89	62	94	90	-	-	-	-
	1990/2	85	90	88	86	79	82	90	86	87	89	86	86	65	94	88	-	-	-	-
	1992/1	88	91	91	90	88	91	91	93	90	86	85	90	73	95	90	-	-	-	-
	1995/1	95	95	91	90	87	90	91	95	93	93	91	94	71	96	92	78	94	98	92
Cannabis/hachisch	1989/2	57	71	94	-	-	69	83	84	93	25	49	75	19	97	74	-	-	-	-
	1990/2	78	97	90	89	86	95	88	90	94	82	90	95	76	97	89	-	-	-	-
	1992/1	84	97	97	97	97	99	90	94	82	86	90	96	80	84	91	-	-	-	-
	1995/1	93	99	90	89	85	96	86	97	96	86	90	98	77	97	91	84	93	99	92
Morphine	1989/2	91	99	95	-	-	89	80	95	89	89	84	89	66	93	90	-	-	-	-
	1990/2	88	98	92	91	89	87	84	89	90	87	89	90	67	94	89	-	-	-	-
	1992/1	88	96	92	91	90	90	82	93	89	84	85	89	71	95	89	-	-	-	-
	1995/1	96	97	90	90	88	92	84	95	94	89	86	89	69	94	90	81	89	98	90
Héroïne	1989/2	93	98	97	-	-	97	89	97	93	96	89	91	76	97	95	-	-	-	-
	1990/2	90	96	96	95	92	97	95	91	93	95	96	93	78	97	94	-	-	-	-
	1992/1	91	96	96	96	96	98	92	96	94	89	93	95	84	97	94	-	-	-	-
	1995/1	96	99	96	96	95	98	92	98	98	95	93	95	86	99	96	88	96	99	96
Cocaïne	1989/2	92	97	95	-	-	92	92	97	91	96	86	89	80	96	94	-	-	-	-
	1990/2	90	95	94	93	90	93	94	92	91	93	94	93	84	97	93	-	-	-	-
	1992/1	90	96	93	93	94	93	93	96	94	88	87	94	86	98	93	-	-	-	-
	1995/1	96	98	94	94	94	94	94	97	97	95	91	94	90	98	95	86	95	99	95
LSD	1989/2	82	96	91	-	-	50	55	84	86	66	80	91	39	94	79	-	-	-	-
	1990/2	76	95	89	85	72	48	61	76	85	70	86	89	40	94	78	-	-	-	-
	1992/1	77	93	84	81	72	59	63	82	85	65	84	87	41	95	78	-	-	-	-
	1995/1	90	94	85	83	74	59	58	82	91	74	80	91	36	96	80	78	89	95	80
Crack	1989/2	56	57	63	-	-	35	49	59	75	48	50	60	25	91	61	-	-	-	-
	1990/2	55	54	58	55	43	32	58	62	79	54	60	68	29	92	62	-	-	-	-
	1992/1	64	68	55	53	46	45	59	67	81	55	61	70	36	94	64	-	-	-	-
	1995/1	81	74	65	62	52	50	61	78	88	66	68	78	34	96	71	46	74	93	71
Extasy	1992/1	71	23	26	23	12	22	58	40	76	51	35	60	16	89	49	-	-	-	-
	1995/1	87	41	49	47	39	32	71	56	94	72	63	87	18	95	65	45	46	78	65
Colle, solvants	1989/2	78	90	79	-	-	37	61	91	90	21	59	72	29	95	69	-	-	-	-
	1990/2	77	90	74	69	53	26	68	86	93	39	70	78	41	96	70	-	-	-	-
	1992/1	72	90	74	70	55	27	70	89	93	34	58	79	41	98	70	-	-	-	-
	1995/1	85	94	72	68	53	30	63	87	95	40	72	84	40	98	71	51	93	95	71
Anabolisants, dopants	1995/1	84	89	75	74	69	33	43	82	87	57	77	82	35	93	71	58	83	96	72
Aucune de celles-ci	1992/1	3	1	1	1	0	0	3	1	3	1	3	1	6	1	1	-	-	-	-
	1995/1	1	0	1	1	1	1	2	0	0	2	2	0	6	0	1	5	1	0	1

Note: NSP compris

A part ces deux pays, en ce qui concerne les drogues les plus anciennes, on n'observe guère, en 1995, de différences sensibles de notoriété. Par contre, pour les drogues plus récentes, comme le crack et l'extasy, et pour la colle et les anabolisants, des différences sensibles entre pays sont à observer.

Les variations les plus importantes concernent l'extasy, comme on l'a dit, la drogue la plus récente. La notoriété varie en effet entre 18 % au Portugal et 95 % au Royaume-Uni. L'extasy, ainsi que le crack, sont également très bien connus en Irlande (94 % et 88 % respectivement), en Belgique (87 % et 81 %) et aux Pays-Bas (87 % et 78 %).

En ce qui concerne les colles et les anabolisants, nettement moins de personnes dans les pays du Sud de l'Europe sont au courant qu'il peut s'agir ou qu'il s'agit de drogues. Les pourcentages de personnes qui ont déjà entendu parler de ces drogues étaient, en 1995, de:

- 63 % en ce qui concerne les colles et 43 % en ce qui concerne les anabolisants en Espagne;

- 40 % et 57 % en Italie;

- 40 % et 35 % au Portugal;

- 30 % et 33 % en Grèce.

Dans la mesure où les drogues "traditionnelles" sont quasi-universellement connues, il n'est pas étonnant qu'on n'observe guère de variations significatives entre les différents groupes sociaux. Par contre, pour les drogues plus récentes, les variations sont parfois assez sensibles.

C'est ainsi que, d'une façon générale, les plus de 55 ans, ceux qui ont quitté l'école avant 15 ans, ceux qui ont les revenus les plus faibles, qui n'exercent aucune activité professionnelle (ménagères, etc.), les orthodoxes et ceux qui se rendent plusieurs fois par semaine aux services religieux sont nettement moins nombreux à connaître ces drogues que les autres.[24]

Prenons, à titre d'exemple, la drogue apparue le plus récemment, l'extasy, qui est aussi la moins bien connue. Son taux de notoriété varie de la manière suivante:

---

[24] Naturellement, toutes ces variables sont plus ou moins corrélées entre elles.

- il diminue avec l'âge, passant d'un maximum de 82 % chez les 15-24 ans à 45 % chez les personnes de plus de 55 ans;

- il augmente avec le niveau d'instruction scolaire, passant de 47 % chez ceux qui ont quitté l'école avant 76 ans à 93 % chez ceux qui sont encore aux études et 85 % chez ceux qui sont encore étudiants;

- il augmente avec le revenu, passant de 54 % parmi ceux qui ont les revenus les plus faibles (--) à 75 % parmi les revenus les plus élevés (++);

- il est le plus élevé chez les cadres et dirigeants (76 %) et le moins chez ceux qui n'ont pas d'activité professionnelle (58 %);

- il n'est que de 40 % chez ceux qui se disent orthodoxes et de 52 % chez ceux qui sont les plus pratiquants.

4.1.1.2. L'échantillon jeunes.

D'une manière générale, le taux de notoriété des différentes drogues est plus élevé parmi les jeunes de 15 à 24 ans que parmi l'ensemble de la population européenne. C'est particulièrement le cas pour les drogues non "traditionnelles", comme le LSD, le crack et l'extasy. Ainsi, 82 % des jeunes Européens ont déjà entendu parler de l'extasy contre 65 % seulement de l'ensemble des répondants. Pour le crack, les pourcentages sont respectivement de 87 % contre 71 %; pour le LSD, de 86 % contre 80 %.

A l'exception de la morphine, qui, dans un certain nombre de pays tels que la France et l'Irlande, est moins connue parmi les jeunes que parmi l'ensemble des répondants, cette observation se vérifie pour l'ensemble des pays de l'Union européenne. Dans un certain nombre de pays, le taux de notoriété de certaines drogues atteint même 100 %. C'est le cas de deux pays nordiques, à savoir:

- le Danemark en ce qui concerne le cannabis, l'héroïne et la cocaïne

- et la Suède en ce qui concerne la marijuana, le hachisch, l'héroïne et la cocaïne,

Tableau 9: Les drogues dont on a déjà entendu parler (% par pays, 1995, échantillon jeunes)

Drogues	B	DK	WD	D	OD	GR	E	F	IRL	I	L	NL	P	UK	UE12	A	SF	S	UE15
Marijuana	97	96	95	94	90	97	96	96	95	98	94	95	84	96	96	88	98	100	96
Cannabis/hachisch	96	100	93	92	88	97	92	96	97	96	94	97	91	98	95	88	98	100	95
Morphine	95	96	91	90	89	94	82	91	91	89	85	88	80	92	89	81	90	99	89
Héroïne	98	100	97	97	97	99	95	98	96	98	96	94	96	98	97	90	99	100	97
Cocaïne	98	100	97	97	97	98	96	97	97	98	96	96	98	99	98	87	99	100	97
LSD	94	94	95	93	83	76	73	84	92	81	88	87	59	96	86	85	98	97	86
Crack	89	96	89	86	76	73	85	91	93	80	84	86	64	98	87	68	92	99	87
Extasy	97	65	77	74	64	48	90	75	96	88	83	94	41	97	82	68	74	96	82
Colle, solvants	90	97	85	82	68	42	76	88	97	44	82	87	61	98	77	65	99	98	78
Anabolisants, dopants	89	94	87	85	78	44	59	82	91	68	84	90	62	95	79	70	90	97	79
Aucune de celles-ci	1	0	1	1	0	0	0	0	1	0	3	1	1	1	0	4	0	0	1

Note: NSP compris

En dehors des variations socio-démographiques déjà mentionnées dans la section précédente, on notera que le crack et l'extasy, les deux drogues les plus récemment apparues sur le marché, sont plus connus des jeunes garçons, de ceux qui utilisent le plus les médias et des leaders d'opinion. En effet:

- 89 % des jeunes garçons ont déjà entendu parler du crack contre 85 % des jeunes filles; pour l'extasy, les pourcentages sont respectivement de 84 % et 80 %;

- 90 % des jeunes qui utilisent le plus les médias connaissent le crack contre 83% seulement de ceux qui ne les utilisent qu'une ou deux fois par semaine; en ce qui concerne l'extasy, les pourcentages sont de 87 % et 74 %;

- 91 % des jeunes leaders d'opinion ont déjà entendu parler du crack contre 82% de ceux qui sont situés au bas de l'échelle de leadership; pour l'extasy, les pourcentages sont respectivement de 83 % et 74 %.

4.1.2. DROGUES DÉJÀ VUES.

Deux remarques préliminaires avant de passer à l'analyse de cette question:

1. Le trend se limite à la période 1992-1995. Il en va de même pour la question suivante.

2. L'interprétation des résultats est moins évidente que pour la question précédente car l'item est quelque peu ambigu. On ne précisait en effet pas ce qu'il fallait entendre par "avoir vu": les répondants ont-ils compris "l'avoir vue de ses yeux" (en réalité), dans ce cas cet item mesure la proximité avec cette drogue (et indirectement, sa consommation) ou bien "l'avoir vue à la TV ou en photo", dans ce cas il ne s'agit que d'un deuxième indicateur de notoriété ?

Graphique 5: Les drogues qu'on a déjà vues

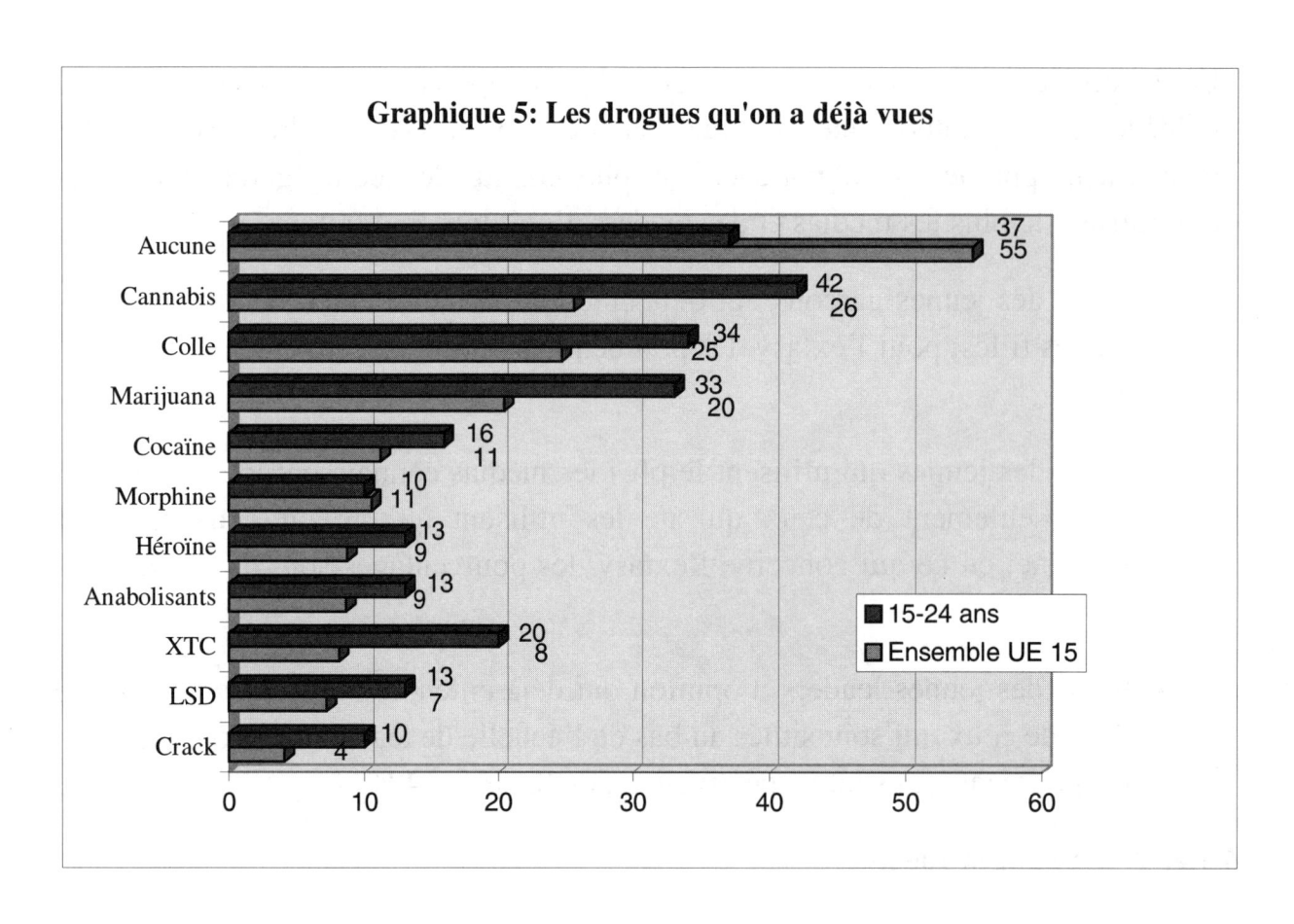

Drogue	15-24 ans	Ensemble UE 15
Aucune	37	55
Cannabis	42	26
Colle	34	25
Marijuana	33	20
Cocaïne	16	11
Morphine	10	11
Héroïne	13	9
Anabolisants	13	9
XTC	20	8
LSD	13	7
Crack	10	4

4.1.2.1. L'échantillon standard.

La première chose qui ressort du graphique 5, c'est que plus de la moitié des Européens disaient, en 1995, n'avoir jamais vu aucune des 10 drogues citées dans la liste. Par rapport à 1992 (UE 12), c'est à peu près la même proportion.

Les drogues les plus vues sont le cannabis (26 %), la colle (25 %),[25] et la marijuana (20 %). Pour toutes les autres drogues, les pourcentages sont inférieurs à 20 %. La drogue la moins vue est le crack: seulement 4 % des répondants disaient avoir déjà vu ce produit.

---

[25] On peut s'étonner que 3/4 des répondants n'aient jamais vu de colle ou de solvants, des produits parfaitement courants. Il est vraisemblable que cet item est, lui aussi, source d'ambiguïté: peut-être la plupart des répondants pensent-ils qu'il s'agit là de colles ou de solvants spéciaux et font-ils donc une différence entre colles et solvants normaux et colles et solvants illicites.

Tableau 10: Les drogues qu'on a déjà vues (% par pays, 1992-1995)

Drogues	Année	B	DK	WD	D	OD	GR	E	F	IRL	I	L	NL	P	UK	UE12	A	SF	S	UE15
Marijuana	1992/1	11	16	12	10	2	8	24	17	17	13	15	31	10	26	17	-	-	-	-
	1995/1	18	19	14	12	3	9	29	19	17	20	18	42	12	29	21	11	14	23	20
Cannabis/hachisch	1992/1	12	47	22	18	3	20	30	27	19	11	19	34	18	16	20	-	-	-	-
	1995/1	20	56	22	18	5	22	33	30	26	16	17	37	18	34	26	18	16	39	26
Morphine	1992/1	9	19	9	9	8	5	6	10	8	5	8	15	5	15	9	-	-	-	-
	1995/1	15	17	6	6	5	8	10	13	9	6	9	16	4	19	11	8	9	16	11
Héroïne	1992/1	7	10	9	8	2	10	13	8	6	5	12	14	7	9	8	-	-	-	-
	1995/1	9	12	6	5	2	11	12	7	8	7	10	17	9	13	9	6	6	11	9
Cocaïne	1992/1	7	10	9	7	2	5	19	10	6	6	5	15	8	12	10	-	-	-	-
	1995/1	12	10	7	6	2	6	21	9	8	11	10	18	10	15	11	7	5	12	11
LSD	1992/1	5	7	6	5	1	3	7	6	6	2	2	7	2	12	6	-	-	-	-
	1995/1	8	7	5	4	2	4	9	6	10	3	9	10	4	17	7	5	4	8	7
Crack	1992/1	4	4	4	3	1	2	3	3	4	1	0	4	2	5	3	-	-	-	-
	1995/1	6	5	3	3	2	1	3	4	5	2	6	7	2	9	4	2	2	4	4
Extasy	1992/1	8	1	2	1	0	1	5	4	6	2	1	7	1	9	4	-	-	-	-
	1995/1	14	3	5	5	4	1	11	6	12	6	9	16	2	16	8	4	1	6	8
Colle, solvants	1992/1	28	45	33	31	23	2	18	38	39	3	7	36	6	63	30	-	-	-	-
	1995/1	26	36	20	18	11	3	22	29	28	6	15	32	5	49	24	16	41	57	25
Anabolisants, dopants	1995/1	13	14	6	6	5	2	7	8	10	4	10	11	4	19	9	6	8	12	9
Aucune de celles-ci	1992/1	61	32	53	57	70	76	57	47	47	79	71	40	74	29	54	-	-	-	-
	1995/1	53	31	63	66	80	70	51	51	53	70	70	37	77	35	56	65	48	28	55

Tableau 11: Les drogues qu'on a déjà vues (% par pays, 1995, échantillon jeunes)

Drogues	B	DK	WD	D	OD	GR	E	F	IRL	I	L	NL	P	UK	UE12	A	SF	S	UE15
Marijuana	25	33	26	22	6	12	46	32	27	25	36	70	20	52	34	21	23	34	33
Cannabis/hachisch	31	83	38	33	10	27	49	55	45	20	42	52	34	58	42	29	30	54	42
Morphine	11	17	8	7	3	5	9	11	12	5	16	15	5	17	10	7	6	14	10
Héroïne	13	13	14	12	3	12	21	14	13	5	22	19	16	15	13	11	8	14	13
Cocaïne	17	12	14	12	4	7	31	16	11	10	22	25	15	21	17	12	9	16	16
LSD	12	9	9	8	5	5	14	11	22	3	24	14	6	36	14	10	8	13	13
Crack	8	9	6	6	4	2	5	7	12	2	16	10	4	15	7	4	4	7	7
Extasy	24	7	18	17	13	2	25	14	34	11	26	35	3	40	21	13	2	14	20
Colle, solvants	30	53	30	27	16	3	36	40	46	5	27	49	10	63	33	27	55	62	34
Anabolisants, dopants	15	20	10	9	6	2	21	13	15	5	20	17	7	24	13	9	9	24	13
Aucune de celles-ci	40	13	42	47	69	66	21	29	30	63	41	18	59	15	37	42	29	17	37

Note: NSP compris

Comme pour la question précédente, c'est, en général, dans les pays du Sud de l'Europe[26] que les pourcentages de personnes n'ayant jamais vu une des 10 drogues citées sont les plus élevés. Par ordre d'importance décroissant, on a les pourcentages suivants:

- Portugal (77 %),
- Italie (70 %),
- Grèce (70 %).

A l'inverse, c'est en Suède, au Danemark, au Royaume-Uni et aux Pays-Bas que les pourcentages de personnes n'ayant jamais vu une des 10 drogues citées sont les moins élevés (28%, 31 %, 35 % et 37 % respectivement).

Comme pour la question précédente, on retrouve le même complexe intercorrélé de variables socio-démographiques associé au fait d'avoir vu ou pas une des 10 drogues citées.

Dans la mesure où, pour cette question, une majorité de répondants disaient n'avoir jamais vu aucune des 10 drogues citées, on prendra cette variable pour effectuer nos comparaisons. C'est ainsi que:

- 76 % des personnes de plus de 55 ans disent n'avoir jamais vu ces drogues contre seulement 37 % des 15-24 ans;

- 73 % des répondants ayant quitté l'école avant 15 ans n'ont jamais vu ces drogues contre 39 % de ceux qui ont terminé après 20 ans et 36 % de ceux qui sont encore aux études;

- 63 % des personnes aux revenus les moins élevés (--) n'ont jamais vu une de ces drogues contre 41 % des personnes à revenus élevés (++);

- 71 % des personnes n'exerçant pas d'activité professionnelle disent n'en avoir jamais vu contre 40 % des cadres et dirigeants;

- chez les athées et les protestants les pourcentages sont respectivement de 40% et 50 %, contre 67 % et 64 % chez les orthodoxes et les catholiques;

---

[26] Ainsi que dans la partie Est de l'Allemagne: 80 % de répondants disent qu'ils n'ont jamais vu une des 10 drogues citées.

- en ce qui concerne la pratique religieuse, les pourcentages sont respectivement de 50 % chez ceux qui ne vont jamais à des offices religieux et de 76 % chez ceux qui s'y rendent plusieurs fois par semaine;

- enfin, on notera que les femmes et les gens de droite et du centre sont nettement plus nombreux à n'avoir jamais vu une de ces drogues que les hommes et les gens de gauche: les pourcentages sont respectivement de 62 % et 55 % contre 47 % et 45 %.

4.1.2.2. L'échantillon jeunes.

Comme déjà mentionné, les jeunes Européens sont moins nombreux que l'ensemble des Européens à n'avoir jamais vu de drogues. A l'inverse, à l'exception encore une fois de la morphine, ils sont plus nombreux à dire qu'ils ont déjà vu les différentes drogues mentionnées. Comme pour la mesure de la notoriété, c'est particulièrement le cas des trois drogues non traditionnelles, à savoir l'extasy, le crack et le LSD. La différence est même très nette en ce qui concerne l'extasy puisque 20 % des jeunes de 15 à 24 ans disent en avoir déjà vu contre 8 % seulement de l'ensemble des répondants (tableaux 10 et 11). En ce qui concerne le crack, les pourcentages sont respectivement de 7 % et 4 %; en ce qui concerne le LSD, de 13% et 7 %.

Ces observations se vérifient au niveau des différents pays de l'Union européenne. Autrement dit, à l'exception de la morphine, dans tous les pays, les pourcentages de répondants qui ont déjà vu les différentes drogues mentionnées sont plus élevés parmi les jeunes de 15 à 24 ans que parmi l'ensemble des répondants.

En ce qui concerne la drogue la plus récemment apparue sur le marché, à savoir l'extasy, on observe des différences assez sensibles selon les pays. Au Royaume-Uni (40 %), aux Pays-Bas (35 %), en Irlande (34 %), au Luxembourg (27 %), en Espagne (25 %) et en Belgique (24 %), les pourcentages de jeunes déclarant avoir déjà vu cette drogue sont supérieurs à la moyenne européenne.

Comme pour la notoriété, les jeunes garçons, ceux qui utilisent le plus les médias et les leaders d'opinion sont plus nombreux à dire avoir déjà vu de l'extasy.

4.1.3. DROGUES DÉJÀ PROPOSÉES.

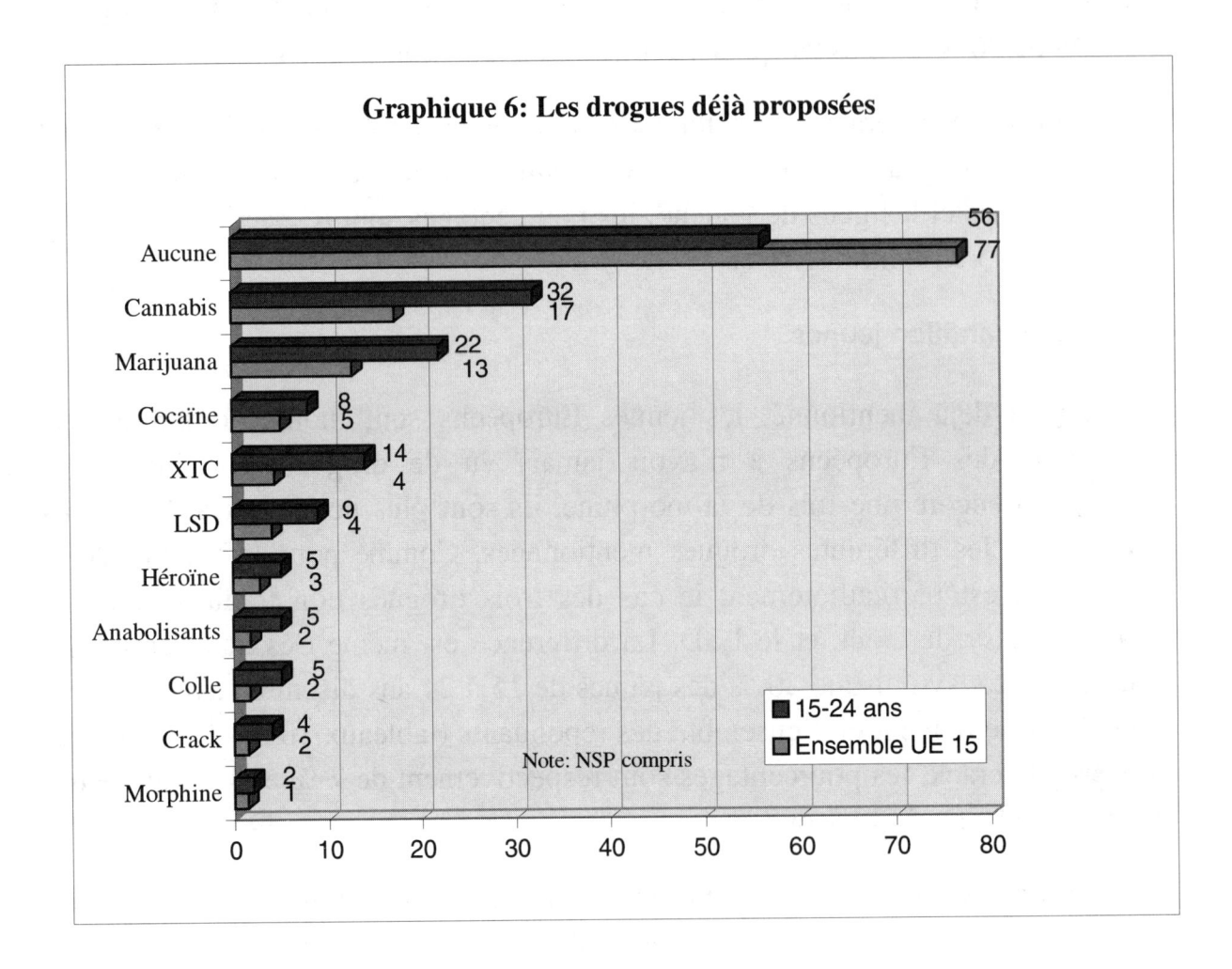

Graphique 6: Les drogues déjà proposées

Drogue	15-24 ans	Ensemble UE 15
Aucune	56	77
Cannabis	32	17
Marijuana	22	13
Cocaïne	8	5
XTC	14	4
LSD	9	4
Héroïne	5	3
Anabolisants	5	2
Colle	5	2
Crack	4	2
Morphine	2	1

Note: NSP compris

4.1.3.1. L'échantillon standard.

Comme le montre le graphique 6, 77 % des Européens disent qu'on ne leur a proposé aucune drogue. 17 % par contre disent qu'on leur a déjà proposé du cannabis et 13 % de la marijuana, à savoir les deux drogues *douces* les plus répandues. En ce qui concerne les autres drogues, les pourcentages sont négligeables. Par rapport à 1992, on n'observe guère d'évolution.

Drogues	Année	B	DK	WD	D	OD	GR	E	F	IRL	I	L	NL	P	UK	UE12	A	SF	S	UE15
Marijuana	1992/1	8	11	7	5	1	3	17	12	11	7	8	18	4	21	11	-	-	-	-
	1995/1	9	12	6	5	1	4	22	12	10	11	7	27	6	21	13	6	9	11	13
Cannabis/hachisch	1992/1	8	36	16	13	2	7	24	21	14	6	11	21	10	11	17	-	-	-	-
	1995/1	12	41	14	12	3	10	25	23	17	10	9	23	9	24	17	12	11	21	17
Morphine	1992/1	2	4	1	1	1	0	2	2	1	1	1	2	1	3	2	-	-	-	-
	1995/1	1	2	0	0	0	1	2	1	1	1	0	3	1	3	1	1	1	2	1
Héroïne	1992/1	3	3	2	2	0	0	6	4	1	1	2	4	2	3	3	-	-	-	-
	1995/1	3	4	2	1	1	1	5	4	3	2	3	4	2	4	3	2	2	2	3
Cocaïne	1992/1	3	3	3	2	0	1	13	5	2	2	3	6	2	6	5	-	-	-	-
	1995/1	4	4	3	3	1	1	14	5	4	4	3	8	3	6	5	3	2	3	5
LSD	1992/1	3	3	3	2	0	0	5	4	3	1	3	4	1	9	4	-	-	-	-
	1995/1	3	3	3	2	1	1	5	4	6	1	2	4	1	11	4	2	1	3	4
Crack	1992/1	2	1	1	1	0	0	1	1	1	1	1	1	0	2	1	-	-	-	-
	1995/1	2	2	1	1	1	0	2	2	2	0	1	2	1	4	2	1	1	1	2
Extasy	1992/1	4	1	1	1	0	0	4	2	3	1	0	3	0	7	3	-	-	-	-
	1995/1	5	2	3	3	2	0	6	4	8	2	3	8	1	10	5	2	1	1	4
Colle, solvants	1992/1	3	2	1	1	1	0	3	4	3	1	1	2	1	4	2	-	-	-	-
	1995/1	2	1	1	1	1	0	2	2	3	0	1	2	1	4	2	-	-	2	2
Anabolisants, dopants	1995/1	3	3	1	1	0	0	2	2	1	1	2	3	2	4	2	2	2	3	2
Aucune de celles-ci	1992/1	87	61	81	84	95	92	71	74	79	89	85	71	87	72	79	-	-	-	-
	1995/1	80	57	82	84	94	89	68	74	77	84	86	63	88	67	77	85	84	74	77

Tableau 13: Les drogues déjà proposées (% par pays, 1995, échantillon jeunes)

Drogues	B	DK	WD	D	OD	GR	E	F	IRL	I	L	NL	P	UK	UE12	A	SF	S	UE15
Marijuana	16	20	15	13	4	4	36	23	20	15	22	48	10	37	23	12	16	17	22
Cannabis/hachisch	24	65	31	26	7	10	43	47	35	11	23	37	21	45	33	19	23	30	32
Morphine	1	2	1	1	1	1	3	1	3	0	1	2	1	5	2	1	1	1	2
Héroïne	5	6	5	5	2	1	8	7	6	1	7	7	3	6	5	6	3	2	5
Cocaïne	6	9	7	6	2	2	20	8	6	4	6	15	5	10	8	6	4	4	8
LSD	5	6	6	6	1	1	9	7	16	1	8	8	2	28	9	6	3	6	9
Crack	3	5	5	5	3	1	2	4	6	0	5	3	1	7	4	2	1	1	4
Extasy	15	6	13	12	8	1	16	9	26	6	14	23	2	31	14	9	1	4	14
Colle, solvants	2	4	3	3	2	0	7	6	11	0	1	2	2	11	5	1	3	4	5
Anabolisants, dopants	3	6	3	3	1	0	16	3	3	1	2	2	3	10	5	2	3	6	5
Aucune de celles-ci	64	33	59	63	82	87	33	48	51	79	66	42	75	39	56	70	70	63	56

Note: NSP compris

Comme le montre le tableau 12, on constate des variations, parfois importantes, entre les 15 pays de l'Union Européenne. Ainsi, c'est au Danemark (57 %), aux Pays-Bas (63 %), au Royaume-Uni (67 %) et en Espagne (68 %) qu'on trouve les proportions les plus faibles de répondants disant qu'on ne leur a jamais proposé une des 10 drogues reprises sur la liste. A l'inverse, c'est dans la partie Est de l'Allemagne que cette proportion est la plus élevée.

Quand on analyse les distributions nationales, drogue par drogue, on constate, entre autres, qu'en ce qui concerne:

- la marijuana, c'est aux Pays-Bas[27] et en Espagne, deux pays "libéraux" en matière de consommation de drogues douces, que le pourcentage de personnes qui disent qu'on leur a déjà proposé cette drogue est le plus élevé (27 % et 22 % respectivement);

- le cannabis/hachisch, les pourcentages sont sensiblement plus élevés que la moyenne européenne, non seulement en Espagne (25 %) et aux Pays-Bas (23%), mais aussi au Royaume-Uni (24 %), en France (23 %) et en Suède (21 %);

- la cocaïne et l'héroïne, l'Espagne arrive, là encore, en tête (14 % et 5 % respectivement);

- le LSD et, dans une moindre mesure, le crack, ils semblent être plus particulièrement accessibles au Royaume-Uni (11% et 4 % respectivement);

- l'extasy, c'est au Royaume-Uni (10 %), en Irlande (8%), en Espagne (6 %) et en Belgique (5%) que les pourcentages de répondants affirmant qu'on leur en déjà proposé sont les plus élevés.

En ce qui concerne les autres drogues, les variations nationales sont négligeables.

On notera également qu'aussi bien au niveau de l'Union Européenne dans son ensemble qu'aux niveaux des différents Etats-membres, les pourcentages sont restés stables entre 1992 et 1995.[28]

Pour certaines drogues, ceux qui ont vu cette drogue et ceux à qui on a déjà proposé cette drogue sont les mêmes; ce qui semble, après tout, logique. C'est

---

[27] Pays où existent les fameux *coffee-shops* où l'on peut consommer de la marijuana et du hachisch.
[28] A l'exception encore une fois du cannabis/hachisch.

particulièrement le cas pour la marijuana (coefficient de corrélation de Pearson, r, = 0,78), du cannabis (r = 0,78), du LSD (r = 0,78), de l'extasy (r = 0,77), de la cocaïne (r = 0,69) et du crack (r = 0,64). Pour les autres drogues, les coefficients sont inférieurs à 0,50.

Cette variable mesurant le mieux la proximité par rapport à la drogue et pouvant même, dans une certaine mesure, être considérée comme un indicateur indirect de la consommation de drogues,[29] on analysera plus en détail les différences de pourcentages, parfois très importantes, entre les différents groupes sociaux.

On commencera d'abord par ceux qui disent qu'on ne leur a jamais proposé de la drogue. Ensuite, on analysera, de manière détaillée, les réponses concernant le cannabis, dans la mesure où il s'agit de la drogue la plus proposée.

D'une manière générale, on retrouve à nouveau le même complexe intercorrélé de variables socio-démographiques. Ainsi:

- 96 % des personnes de plus de 55 ans disent qu'on ne leur a jamais proposé une de ces 10 drogues contre 56 % seulement des jeunes de 15 à 24 ans;

- les femmes sont plus nombreuses à dire qu'on ne leur a jamais proposé de drogue (83 % contre 70 %);

- il en va de même pour ceux qui ont quitté l'école avant 15 ans (92 %), par rapport à ceux qui sont encore aux études (58 %) et ceux qui ont terminé après 20 ans (66 %);

- on observe une différence de pourcentages de 9 points entre ceux qui ont les revenus les plus faibles (--) et les revenus les plus élevés (++)(79 % contre 70 %);

- la différence de pourcentages est encore plus grande entre les personnes qui n'ont pas d'activité professionnelle et les cadres et dirigeants (90 % contre 69 %);

- Les gens de droite et du centre sont plus nombreux que les gens de gauche à ne pas s'être vu proposer de la drogue (79 % contre 67 %);

---

[29] Cette mesure donne toutefois une estimation maximale de la prévalence de drogues dans la mesure où toutes les personnes à qui on a déjà proposé de la drogue n'ont pas nécessairement accepté cette offre et ne sont donc pas des consommateurs.

- Les orthodoxes et les catholiques sont également plus nombreux que les athées à dire qu'on ne leur a jamais proposé de drogue (86 % et 83 % contre 62%);

- enfin, 93 % de ceux qui se rendent aux services religieux plusieurs fois par semaine contre 71 % de ceux qui n'y vont jamais affirment qu'on ne leur a jamais proposé de la drogue.

Voyons maintenant quel est le profil socio-démographique de ceux qui disent qu'on leur a déjà proposé du cannabis (et parmi lesquels, par conséquent, un certain nombre en ont déjà consommé).

12 % seulement des femmes disent qu'on leur a déjà proposé du cannabis contre 23 % des hommes.

En fonction de l'<u>âge</u>, on observe une différence de pourcentages de 30 points entre les plus jeunes et les plus âgés:

- 15-24 ans: 32 %
- 25-39 ans: 28 %
- 40-54 ans: 14 %
- 55 ans et plus: 2 %.

On est donc bien devant un problème de génération, la césure principale semblant s'opérer entre les 15-39 ans et les autres.

Le phénomène est également très fortement fonction du <u>niveau d'instruction scolaire</u>: plus on est instruit, plus il est probable que l'on nous ait proposé du cannabis:

- quitté l'école avant 15 ans: 6 %
- entre 16 et 19 ans: 19 %
- après 20 ans: 26 %
- encore aux études: 32 %

Naturellement, l'âge et le niveau d'instruction sont fortement corrélés (r = 0,53). Quand on contrôle pour les deux variables simultanément, il semble toutefois que l'effet générationnel l'emporte sur l'effet culturel.[30] On trouvera, dans le rapport final, des analyses multivariées plus détaillées.

En ce qui concerne le revenu, la relation est assez intéressante: elle est en effet légèrement en U, à savoir que les pourcentages remontent aux deux extrémités de l'échelle harmonisée:

- ++:   22 %
- +:   18 %
- -:   14 %
- --:   17 %

Cette impression, à savoir que la proximité avec la drogue est la plus élevée aux deux extrêmités de l'échelle sociale, est renforcée par les deux observations suivantes:

1. c'est chez les chômeurs d'un côté et les cadres et dirigeants de l'autre côté que les pourcentages de personnes qui disent qu'on leur a déjà proposé du hachisch sont les plus élevés (27 % et 24 % respectivement);

2. ceux dont la source principale de revenus est la sécurité sociale (chômage/ maladie/invalidité) sont plus nombreux à dire qu'on leur a déjà proposé du hachisch que ceux dont le salaire est la source principale de revenus (29% contre 21 %).

Les gens de gauche sont significativement plus nombreux que les gens du centre et de droite à dire qu'on leur a déjà proposé de la drogue (25 % contre 16%).

En terme d'appartenance religieuse, les pourcentages sont les suivants:

- Aucune: 30 %
- Protestante: 16 %
- Catholique: 12 %
- Orthodoxe: 10 %

---

[30] C'est ce que confirme une analyse log-linéaire: quand on contrôle pour l'âge, l'effet du niveau d'instruction scolaire se réduit fortement.

A ceux à qui on avait déjà proposé de la drogue, on a posé la question suivante:[31]

> Question 52: (SI A DEJA ETE PROPOSE CERTAINES DE CES DROGUES)
> Quel âge aviez-vous lorsque l'on vous a proposé, pour la première fois, une de ces drogues ?

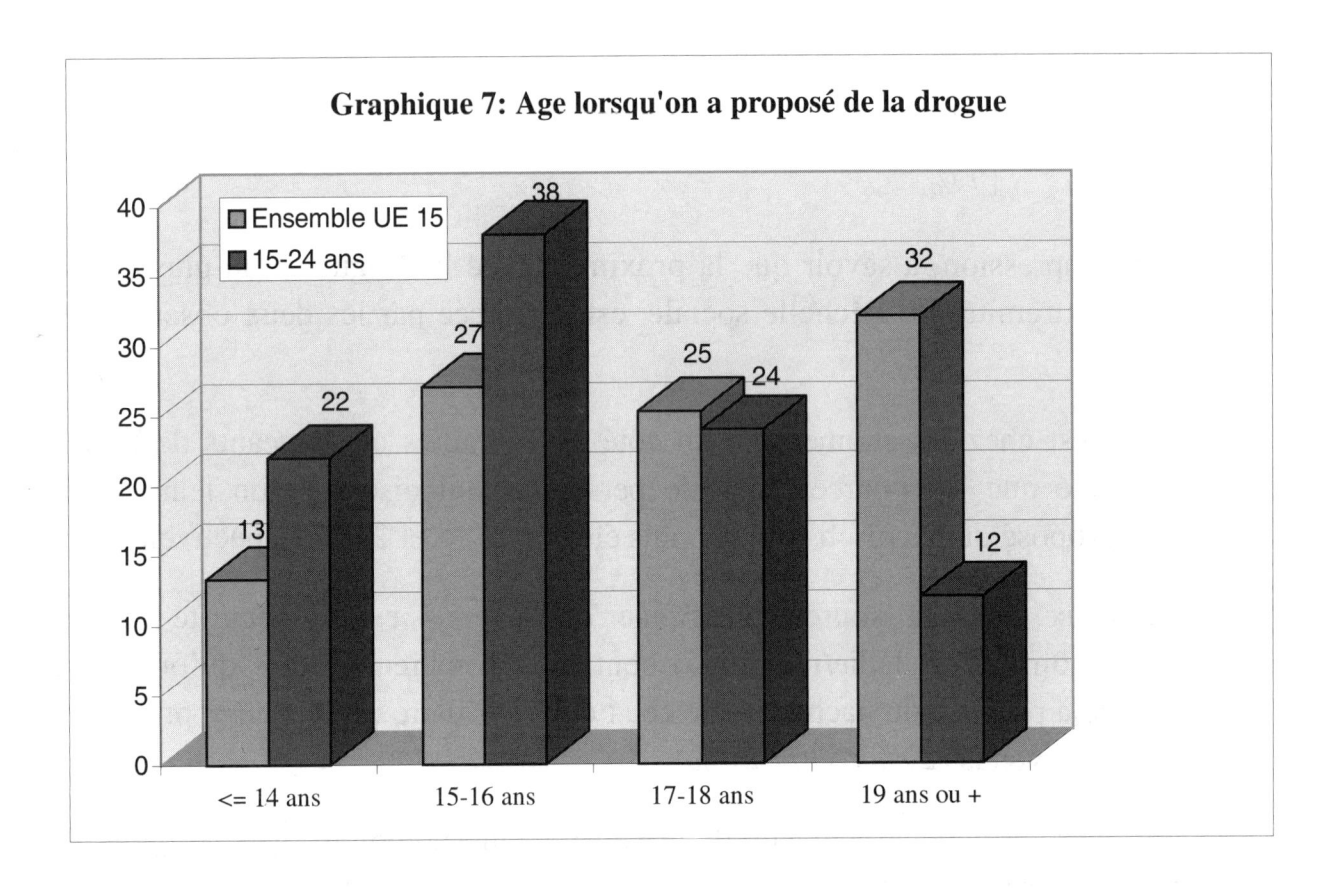

Graphique 7: Age lorsqu'on a proposé de la drogue

	<= 14 ans	15-16 ans	17-18 ans	19 ans ou +
Ensemble UE 15	13	27	25	32
15-24 ans	22	38	24	12

Ainsi que le montre le graphique 7, c'est surtout après 19 ans que les répondants se sont vu proposer de la drogue: 32 % sont dans ce cas. A l'inverse, pour 13 % seulement de ceux qui s'étaient déjà vu proposer de la drogue, cela s'est passé avant l'âge de 14 ans. On observe la même distribution au niveau des 15 pays de l'Union européenne (tableau 13).

---

[31] Cette question avait été posée sous une forme différente dans l'Eurobaromètre n° 37 (1992). Dans l'EB 37 toutefois, la question n'avait été posée qu'aux jeunes de 24 ans ou moins et elle n'était pas filtrée sur la question "déjà proposé ?", de sorte que toute comparaison s'avère impossible.

Tableau 14: Age lorsqu'on a proposé de la drogue (% par pays, 1995)

Pays	<= 14 ans	15-16 ans	17-18 ans	19 ans ou +
B	14	24	25	33
DK	17	26	21	36
WD	12	32	28	24
D	11	31	27	27
OD	0	24	17	56
GR	3	14	24	60
E	15	31	23	29
F	11	32	31	27
IRL	17	27	27	26
I	9	19	24	48
L	18	19	34	24
NL	17	27	21	31
UK	15	24	24	32
A	17	24	29	30
SF	11	20	21	45
S	15	21	26	37
UE 15	13	27	25	32

Note: SR compris

4.1.3.2. L'échantillon jeunes.

Comme pour les deux questions précédentes, les pourcentages de jeunes qui se sont déjà vu proposer les différentes drogues mentionnées sont plus élevés que les pourcentages correspondants d'Européens. Les écarts sont même particulièrement sensibles en ce qui concerne la marijuana, le cannabis et l'extasy (tableaux 12 et 13). Cette observation se vérifie pour tous les pays de l'Union européenne.

Au Danemark (33 %), en Espagne (33 %), au Royaume-Uni (39 %), aux Pays-Bas (42 %), en France (48 %) et en Irlande (51 %), les pourcentages de jeunes qui disent qu'on ne leur a jamais proposé aucune des drogues citées sont significativement inférieurs à la moyenne européenne (56 % des jeunes Européens de 15 à 24 ans affirment qu'on ne leur a jamais proposé aucune drogue).

A l'inverse, c'est en Grèce (87 %), dans la partie Est de l'Allemagne (82 %), en Italie (79 %), au Portugal (75 %), en Autriche (70 %) et en Finlande (70 %) que la consommation de drogues (tout au moins telle que mesurée indirectement au moyen de cette question) semble la moins élevée; c'est dans ces pays en effet que les pourcentages de jeunes qui disent qu'on ne leur a jamais proposé aucune drogue sont les plus élevés, et de loin (moyenne européenne: 56 %).

Si l'on prend les trois drogues les plus couramment proposées, à savoir le cannabis (32 % des jeunes Européens), la marijuana (22 %) et l'extasy (14 %), on constate des différences, parfois très importantes, entre pays.

- Ainsi, aux Pays-Bas (48 %), au Royaume-Uni (37 %) et en Espagne (36 %), les pourcentages de jeunes qui disent qu'on leur a déjà proposé de la marijuana sont nettement plus élevés que la moyenne européenne.

- En ce qui concerne le cannabis, on observe des pourcentages supérieurs à la moyenne européenne, par ordre décroissant d'importance, en France (47 % des jeunes Français disent qu'on leur a déjà proposé cette drogue), au Royaume-Uni (45 %), en Espagne (43 %), aux Pays-Bas (37 %) et en Irlande (35 %).

- L'extasy est plus particulièrement présente au Royaume-Uni (31 % des jeunes Britanniques disent qu'on leur en a déjà proposé), en Irlande (26 %) et aux Pays-Bas (23 %).

Notons enfin les pourcentages nettement plus élevés que la moyenne européenne en ce qui concerne:

- la cocaïne, en Espagne (20 %) et aux Pays-Bas (15%);

- le LSD, au Royaume-Uni (28 %) et en Irlande (16 %);

- le crack, au Royaume-Uni (7 %) et en Irlande (6 %);

- la colle, au Royaume-Uni (11 %), en Irlande (11 %);

- les anabolisants, en Espagne (16 %) et au Royaume-Uni (10 %).

Quand on s'intéresse au profil socio-démographique de ceux qui disent qu'on leur a déjà proposé du **cannabis**, on remarque que (en-dehors des observations faites au niveau de l'ensemble des répondants):

- C'est dans le groupe d'âge des 20-24 ans que le pourcentage est le plus élevé: plus d'un tiers des jeunes de 20-24 ans (36 %) disent en effet qu'on leur a déjà proposé du cannabis contre 28 % des 15-19 ans.

- Les pourcentages augmentent avec le niveau d'instruction, passant de 28 % parmi ceux qui ont quitté l'école avant 15 ans à 44 % parmi ceux qui ont terminé leurs études après 20 ans. Toutefois, parmi ceux qui sont encore aux études, le pourcentage n'est que de 30 %. Ceci s'explique évidemment par le fait qu'il s'agit là essentiellement de jeunes de moins de 20 ans.

- Les jeunes filles sont nettement moins nombreuses que les jeunes garçons à dire qu'on leur a déjà proposé du cannabis. Ceci est vrai quelle que soit la tranche d'âge. Autrement dit, on n'observe aucun effet d'interaction significatif entre ces trois variables. Par contre, on observe un effet d'interaction entre le sexe et le niveau d'instruction. En effet, parmi ceux qui ont terminé leurs études après 20 ans, il n'y a pas de différence statistiquement significative entre les jeunes garçons et les jeunes filles en ce qui concerne le cannabis: 48 % des garçons de ce niveau d'études disent qu'on leur a déjà proposé du cannabis contre 42 % des filles. C'est sans doute là un indicateur d'un effet de pratiques culturelles différentes.

- Les jeunes leaders d'opinion sont nettement plus nombreux à dire qu'on leur a déjà proposé du cannabis que les non-leaders (35 % contre 24 %). Ceci s'explique naturellement par l'effet du niveau d'instruction.

Toutes ces observations corroborent d'autres études sur le profil socio-démographique des consommateurs de drogues.[32] Ainsi, une enquête réalisée en 1989 auprès d'un échantillon de 11.634 personnes, représentatives de la population canadienne de 15 ans et plus montrait notamment que (Eliany et al, 1992):

- le cannabis était la drogue la plus couramment utilisée au Canada (23 % de la population totale disaient avoir déjà pris cette drogue et 6,5 % étaient des consommateurs actuels);

- la consommation de drogues était plus élevée chez les hommes que chez les femmes;

- la consommation de marijuana et de cannabis était beaucoup plus répandue chez les jeunes que chez leurs aînés et c'était chez les 20-34 ans que l'on trouvait la plus forte proportion de personnes en ayant déjà fumé (43%);

- les étudiants et les chercheurs d'emplois étaient les plus susceptibles de fumer du cannabis.

---

[32] Voir, entre autres, Johnston, L. et al (1993) et National Institute on Drug Abuse (1990) pour les Etats-Unis et Eliany et al (1992) pour le Canada.

Enfin, en Belgique, 29 % des jeunes garçons de 15 à 24 ans disent qu'on leur a déjà proposé du cannabis. Une enquête réalisée en 1991 auprès d'un échantillon représentatif de 2513 jeunes garçons passant au Centre de Recrutement et de Sélection de l'Armée a trouvé une prévalence de sujets positifs pour le cannabis de 3,5 %, soit un pourcentage largement inférieur.[33]

Tableau 15: Age lorsqu'on a proposé de la drogue (% par pays,1995, échantillon jeunes)

Pays	<= 14 ans	15-16 ans	17-18 ans	19 ans ou +
B	17	40	28	14
DK	29	35	27	10
WD	20	31	25	22
D	19	32	24	22
OD	12	38	22	23
GR	8	25	26	41
E	22	36	20	5
F	17	49	26	8
IRL	25	35	27	10
I	13	44	25	19
L	29	24	31	13
NL	27	37	22	10
UK	32	35	22	9
A	24	44	29	3
SF	22	40	23	11
S	21	34	26	20
UE 15	22	38	24	12

Note: SR compris

Alors que pour l'ensemble des Européens, c'était surtout après 19 ans qu'on leur avait proposé de la drogue (32 %), au niveau des jeunes de 15 à 24 ans, il semble que ce soit beaucoup plus tôt, notamment entre 15 et 16 ans: 38 % des jeunes à qui on a déjà proposé de la drogue disent en effet que cela s'est passé entre 15 et 16 ans. Ils ne sont par contre que 12 % à dire que c'était à 19 ans ou plus.

A l'exception de la Grèce et du Luxembourg, cette tendance se retrouve partout. En Grèce, c'est surtout à 19 ans ou après (41 %) et au Luxembourg entre 17 et 18 ans (31 %).

Ceci tendrait à indiquer que l'âge auquel les gens peuvent entrer en contact avec la drogue tend à diminuer en Europe, bien qu'il ne s'agisse sans doute pas là d'une tendance récente. En effet, au printemps 1992 (EB 37.0 et EB 37.1), c'était déjà entre 15 et 16 ans que l'on trouvait le plus grand nombre de jeunes de 15 à 24 ans (40 %) qui disait qu'on leur avait proposé pour la première fois de la drogue.

---

[33] La prévalence fut mesurée au moyen de tests d'urines. Voir Dubois et al. (1995).

4.1.4. DROGUES DANGEREUSES.

4.1.4.1. Les drogues que le public considère comme dangereuses.

Parmi les 10 drogues citées, quelles sont celles que le public considère comme les plus dangereuses pour la santé ? Dans le graphique 8 et le tableau 16, on n'a repris que les chiffres des deux dernières enquêtes. Cette question a, toutefois, été posée, sous une forme différente, dans deux autres enquêtes (EB 32 et EB 34.1). Mais, dans la mesure où, premièrement, elle n'était posée qu'à ceux qui avaient déjà entendu parler de ces drogues et où, deuxièmement, les catégories de réponse n'étaient pas les mêmes, on ne peut pas les traiter comme un véritable trend.[1]

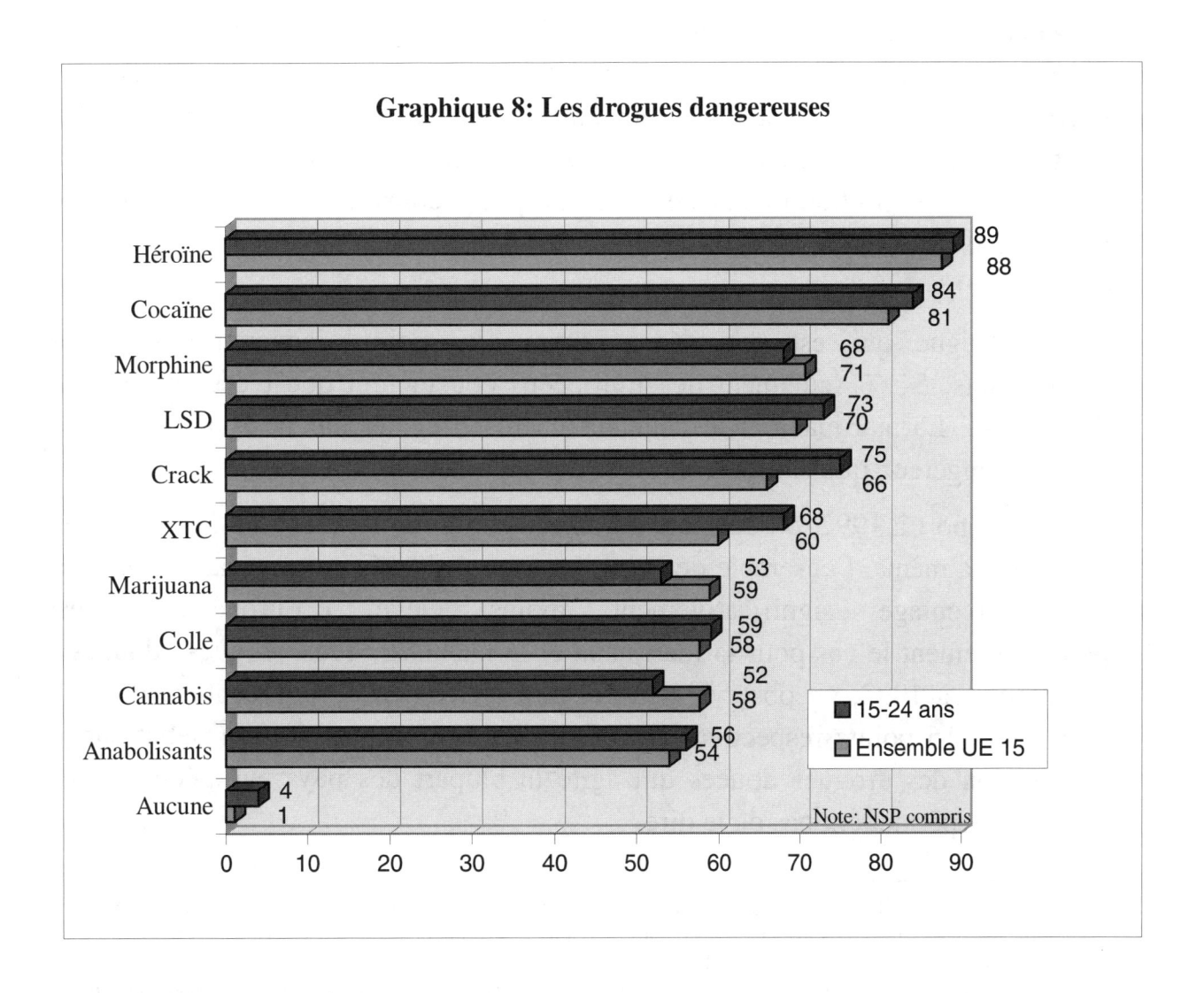

Graphique 8: Les drogues dangereuses

Drogue	15-24 ans	Ensemble UE 15
Héroïne	89	88
Cocaïne	84	81
Morphine	68	71
LSD	73	70
Crack	75	66
XTC	68	60
Marijuana	53	59
Colle	59	58
Cannabis	52	58
Anabolisants	56	54
Aucune	4	1

Note: NSP compris

---

[1] Dans l'EB32 et 34.1, les catégories de réponse étaient plus fines. Les répondants avaient à choisir entre "extrêmement dangereuses", "plutôt dangereuses", "pas dangereuses" et "pas du tout dangereuses".

4.1.4.1.1. L'échantillon standard.

Ainsi qu'il ressort du graphique 8, on remarquera qu'une majorité d'Européens considère toutes les drogues citées comme dangereuses. Bien plus, seulement 1 % considère qu'aucune n'est dangereuse.

Plus de huit Européens sur dix considèrent l'héroïne et la cocaïne comme des drogues dangereuses (88 % et 81 % respectivement).[2] Deux autres drogues sont également largement considérées comme dangereuses: la morphine (71 %) et le LSD (70 %).[3]

Pour les autres drogues le consensus est moins grand. Le crack par exemple, une drogue entraînant pourtant une dépendance extrêmement forte, n'est considéré comme dangereux que par 66 % des Européens. Ce résultat ne peut s'expliquer entièrement par le fait que cette drogue soit moins bien connue des Européens (en 1995, 71 % des répondants en avaient déjà entendu parler). En effet, par rapport à 1992, le crack est plus connu (64 % seulement en 1992); pourtant, une proportion moins élevée d'Européens considère cette drogue comme dangereuse (en 1992, 69% des Européens considéraient cette drogue comme dangereuse).[4]

La drogue qui est considérée comme la moins dangereuse sont les anabolisants: 54 % seulement des Européens considèrent que c'est une drogue dangereuse. La marijuana et le cannabis/hachisch également ne sont considérés comme dangereux que par 59 % et 58 % des répondants.

Par rapport à 1992, on constate qu'à l'exception de l'extasy, où la proportion est restée la même, l'ensemble des drogues est considérée comme dangereuse par un pourcentage significativement moins élevé d'Européens. C'est particulièrement le cas pour la marijuana et le hachisch, deux drogues "douces": par rapport à 1992, on observe en effet une différence de pourcentage de - 14 points et - 15 points respectivement.[5] Faut-il y voir là un effet du débat sur la légalisation des drogues douces qui agite la plupart des pays européens ? Nos données ne permettent pas de le dire.

---

[2] En 1989 (EB 32.A), 88 % des personnes qui avaient entendu parler de l'héroïne considéraient cette drogue comme extrêmement dangereuse; pour la cocaïne, le pourcentage était de 82 %. En 1990 (EB34.1), les pourcentages étaient respectivement de 88 % et de 82 %.

[3] En 1989, les poucentages étaient respectivement de 63 % et 68 %; en 1990, on avait les pourcentages suivants: 60 % pour la morphine et 71 % pour le LSD.

[4] En 1989, 81 % de ceux qui avaient entendu parler du crack considérait qu'il s'agissait d'une drogue extrêmement dangereuse; en 1990, ils étaient 82 %.

[5] En 1989, 44 % de ceux qui avaient déjà entendu parler de la marijuana considéraient que c'était une drogue extrêmement dangereuse contre 48 % en 1990. En ce qui concerne le cannabis, les pourcentages étaient de 36 % et 42 %.

Tableau 16: Les drogues dangereuses (% par pays, 1992-1992)

Drogues	Année	B	DK	WD	D	OD	GR	E	F	IRL	I	L	NL	P	UK	UE12	A	SF	S	UE15
Marijuana	1992/1	69	76	77	78	81	79	85	69	77	62	69	49	73	74	72	-	-	-	-
	1995/1	62	76	67	68	70	60	62	54	73	48	66	38	46	58	58	52	64	88	59
Cannabis/hachisch	1992/1	67	76	77	78	84	81	83	69	71	61	73	52	75	73	72	-	-	-	-
	1995/1	59	73	63	64	68	62	60	55	72	46	66	39	49	59	57	56	65	89	58
Morphine	1992/1	78	91	83	82	81	85	85	86	83	66	77	71	78	87	81	-	-	-	-
	1995/1	76	89	76	75	71	69	66	75	80	55	75	66	52	78	70	60	73	92	71
Héroïne	1992/1	84	95	89	90	90	96	94	91	88	78	87	87	84	94	89	-	-	-	-
	1995/1	87	94	88	87	83	95	83	91	93	83	89	86	75	93	88	78	83	95	88
Cocaïne	1992/1	81	94	86	86	86	88	92	89	87	75	81	82	85	91	86	-	-	-	-
	1995/1	84	92	81	81	78	80	81	86	86	70	81	80	75	87	81	69	76	93	81
LSD	1992/1	72	92	80	78	73	69	82	82	81	56	78	74	62	88	76	-	-	-	-
	1995/1	74	90	75	74	68	48	58	73	82	56	76	70	28	83	69	63	86	94	70
Crack	1992/1	64	77	63	61	56	61	80	74	79	48	69	71	59	91	69	-	-	-	-
	1995/1	69	79	60	58	53	44	60	74	80	56	69	66	27	89	66	37	73	91	66
Extasy	1992/1	68	55	46	45	40	46	77	61	78	41	59	63	50	86	59	-	-	-	-
	1995/1	69	62	50	50	49	25	62	60	86	53	68	69	14	87	60	36	64	85	60
Colle, solvants	1992/1	64	87	66	63	55	48	80	75	84	27	64	64	57	92	66	-	-	-	-
	1995/1	61	86	57	56	51	20	56	64	82	28	66	58	27	87	57	36	70	89	58
Anabolisants, dopants	1995/1	61	81	56	56	52	21	43	60	73	36	66	46	26	74	53	38	62	86	54
Aucune de celles-ci	1992/1	4	3	7	7	6	2	4	4	7	4	10	3	6	2	4	-	-	-	-
	1995/1	2	0	1	1	1	0	3	0	0	2	0	1	2	0	5	2	0	1	1

Tableau 17: Les drogues dangereuses (% par par pays, 1995, échantillon jeunes)

Drogues	B	DK	WD	D	OD	GR	E	F	IRL	I	L	NL	P	UK	UE12	A	SF	S	UE15
Marijuana	57	68	57	58	65	69	57	47	71	49	63	34	49	46	52	61	64	91	53
Cannabis/hachisch	54	63	53	55	62	66	58	43	66	48	67	40	53	47	51	61	66	91	52
Morphine	73	89	71	69	60	74	63	73	78	55	76	67	58	71	67	68	73	93	68
Héroïne	86	94	87	86	80	96	89	91	94	88	91	91	85	92	89	86	88	96	89
Cocaïne	84	94	79	78	75	88	83	89	85	76	87	91	83	88	83	79	82	96	84
LSD	75	92	79	76	65	66	69	75	83	64	82	76	44	78	72	72	90	95	73
Crack	72	92	75	72	56	64	77	81	82	66	81	77	46	87	75	57	82	96	75
Extasy	68	76	66	63	53	39	74	67	89	59	80	73	28	86	68	55	76	92	68
Colle, solvants	61	91	62	60	50	31	61	59	84	31	71	58	37	85	58	45	77	92	59
Anabolisants, dopants	58	85	59	57	47	32	53	59	73	41	71	50	41	69	55	49	70	91	56
Aucune de celles-ci	8	2	9	10	12	0	5	1	2	2	6	2	7	2	4	7	3	1	4

Note: NSP compris

Si l'on compare avec les chiffres de 1989 et 1990, cette tendance semble se confirmer. En automne 1989 en effet, 80 % de ceux qui avaient entendu parler de la marijuana estimaient que c'était une drogue extrêmement ou assez dangereuse. Quant au cannabis, le pourcentage était de 75 %. En automne 1990, les pourcentages étaient respectivement de 80 % et 78 %. Les mêmes tendances se retrouvent pour les autres drogues. Ainsi, en 1989, 91 % des personnes interrogées considéraient le crack comme extrêmement (81 %) ou assez dangereux (10 %).

En ce qui concerne les divergences d'opinions entre les différents pays-membres, en 1995 (tableau 16):

- à l'exception du Royaume-Uni, de la Finlande et de la Suède, l'héroïne et la morphine sont situées aux deux premières places des drogues dangereuses (au Royaume-Uni, c'est le crack qui arrive en deuxième position, en Suède, c'est le LSD et enfin, en Finlande, le LSD arrive avant l'héroïne);

- le crack est considéré comme dangereux par plus de répondants que la moyenne européenne en Suède (91 %), au Royaume-Uni (89 %), en Irlande (80 %), au Danemark (79 %), en France (74 %) et en Finlande (73 %), les pays où la proportion de répondants qui avaient entendu parler de cette drogue était la plus élevée; à l'inverse, c'est au Portugal, pays où on en a entendu le moins parler que la proportion est la moins élevée (27 %);

- en ce qui concerne l'extasy, c'est au Royaume-Uni, en Irlande et en Suède qu'il est sanctionné le plus unanimement (87%, 86 % et 85 % respectivement) et au Portugal le moins;

- en ce qui concerne la marijuana et le cannabis, ils sont considérés comme moins dangereux que la moyenne européenne aux Pays-Bas (38 % et 39 % respectivement), au Portugal (46 % et 49 %),[6] en Autriche (52 % et 56 %) et en France (54 % et 55 %);

- enfin, au niveau des anabolisants, il sont décrits comme nettement plus dangereux que la moyenne européenne en Suède (86 %), au Danemark (81%), au Royaume-Uni (74 %) et en Irlande (73 %).

D'une manière générale, on remarquera donc qu'en ce qui concerne les drogues moins connues, c'est dans les pays où on en a le plus entendu parler

---

[6] En ce qui concerne ce pays toutefois, cela s'explique par la moins grande notoriété de ces deux drogues.

qu'on les trouve dangereuses. Ainsi, pour le crack, le coefficient de corrélation entre ces deux variables est égal à 0,62. Pour l'extasy, il est égal à 0,62 et pour le LSD, à 0,56.

Par contre, en ce qui concerne la marijuana et le cannabis, ceux qui disent qu'on leur en a déjà proposé sont quelque peu moins nombreux à trouver ces drogues dangereuses (quoique la relation soit nettement moins forte qu'entre les deux variables précédentes): les coefficients de corrélation sont en effet négatifs (r = - 0,05 et - 0,04 respectivement). En ce qui concerne les autres drogues, les coefficients sont positifs, mais ne dépassent jamais 0,2.

En ce qui concerne les caractéristiques socio-démographiques, on s'intéressera plus particulièrement à trois drogues: le cannabis, parce que c'est celui qui est le plus proposé, le crack et l'extasy, parce que ce sont les drogues les plus récentes et les moins bien connues en moyenne.

En ce qui concerne le <u>cannabis/hachisch</u>:

- plus on est jeune, moins on a tendance à penser qu'il s'agit d'une drogue dangereuse. On a les pourcentages suivants:
  - 15-24 ans: 52 % (dangereuse)
  - 25-39 ans: 54 %
  - 40-54 ans: 59 %
  - 55 ans et plus: 64 %

- plus on est instruit, moins on considère cette drogue comme dangereuse:
  - quitté l'école avant 15 ans: 63 %
  - entre 16 et 19 ans: 58 %
  - après 20 ans: 53 %
  - encore aux études: 51 %

- les hommes sont moins nombreux que les femmes à considérer cette drogue comme dangereuse (55 % contre 60 %);

- les gens de gauche sont moins nombreux que ceux du centre et de droite à penser que c'est une drogue dangereuse (52 % contre 61 %);

- les leaders d'opinion sont également légèrement moins nombreux à trouver le cannabis dangereux (++: 54 %; --: 59 %);[7]

- en terme d'appartenance religieuse, les pourcentages sont les suivants:
  - Aucune: 49 %
  - Catholique: 57 %
  - Protestante: 67 %

- plus on est pratiquant, plus on estime que cette drogue est dangereuse.

D'une manière générale, on peut dire que ces relations reflètent plutôt la corrélation négative entre le caractère dangereux du cannabis et la proximité avec cette drogue, mesurée par le fait que cette drogue a déjà été proposée au répondant. Les deux profils sont en effet largement similaires, à l'exception du revenu et de la catégorie socio-professionnelle (aucune tendance bien nette).

En ce qui concerne maintenant le crack et l'extasy:

- plus on est jeune, plus on estime ces drogues dangereuses:

	Crack	**Extasy**
- 15-24 ans:	75 %	68 %
- 25-39 ans:	75 %	68 %
- 40-54 ans:	66 %	60 %
- 55 ans et plus:	53 %	49 %

- plus on est instruit, plus on pense que ces deux drogues sont dangereuses:

	Crack	**Extasy**
- < 15 ans	52 %	49 %
- 15-19 ans	70 %	63 %
- > 20 ans	75 %	67 %
- étudiant	77 %	69 %

---

[7] Voir annexe 10.3.3. pour la manière dont cet indice a été construit.

- plus on a des revenus élevés, plus on est susceptible de penser que le crack et l'extasy sont des drogues dangereuses (++: 75 % et 68 % respectivement; --: 58 % et 53 %);

- les cadres et dirigeants sont nettement plus nombreux que les autres à penser qu'il s'agit là de drogues dangereuses (75 % et 68 % respectivement, contre 54 % et 53 % chez les personnes sans activité professionnelle, par exemple);

- il en va de même des leaders d'opinion (73 % et 63 % pour le crack et l'extasy contre 50 % et 51 % chez les non-leaders (---);

- les protestants et les athées sont nettement plus nombreux que les catholiques et les orthoxes à estimer ces drogues dangereuses

	Crack	**Extasy**
- protestants	75 %	68 %
- athées	75 %	68 %
- catholiques	58 %	54 %
- orthodoxes	46 %	34 %

- de même, plus on est pratiquant moins on pense que ces drogues sont dangereuses (70 et 63 % respectivement chez les non-pratiquants contre 45% et 46 % chez les plus pratiquants).

D'une manière générale, ces relations s'expliquent plutôt par le profil associé au degré de notoriété de ces deux drogues: moins on connaît ces deux drogues, moins on a tendance à les considérer comme dangereuses, ce qui, après tout, peut sembler parfaitement logique.

Si l'on contrôle pour la notoriété (en n'examinant ces relations que parmi ceux qui ont déjà entendu parler de ces deux drogues), alors les différences disparaissent: toutes les catégories sociales considèrent, à proportions égales, que le crack et l'extasy sont des drogues dangereuses.

4.1.4.1.2. L'échantillon jeunes.

On l'a dit, les jeunes sont moins nombreux que l'ensemble des Européens à trouver le cannabis et la marijuana des drogues dangereuses (52 % et 53 % contre 58 % et 59 % parmi l'ensemble des répondants). En fait, les jeunes Européens, au contraire de leurs aînés, font une nette différence entre les drogues dites "douces", à savoir le cannabis et la marijuana, et les autres drogues, qu'ils sont, en général, plus nombreux à trouver dangereuses, parce qu'ils sont mieux informés que leurs aînés à leur sujet. Cette différenciation entre drogues "douces" et drogues "dures" est confirmée par une analyse factorielle.[8] Cette analyse dégage deux facteurs: le deuxième facteur regroupe la marijuana et le cannabis, le premier les autres drogues.

On retrouve cette même distinction entre drogues "douces" et drogues "dures" au niveau des différents pays, à l'exception de la Suède. Dans certains pays, cette différenciation est toutefois encore plus marquée. C'est le cas notamment aux Pays-Bas, en France, au Royaume-Uni et en Italie où moins d'un jeune sur deux pense que la marijuana et le cannabis sont des drogues dangereuses. A l'opposé, neuf jeunes Suédois sur dix estiment qu'il s'agit de deux drogues dangereuses. D'une manière générale, les jeunes Suédois sont les plus nombreux à trouver toutes les drogues mentionnées dangereuses. C'est d'ailleurs le seul pays où, comme on l'a dit, on ne retrouve pas la distinction entre drogues "douces" et drogues "dures".

En ce qui concerne les autres drogues, on remarque que les jeunes Portugais et les jeunes Grecs sont nettement moins nombreux que les autres à penser que l'extasy est une drogue dangereuse (28 % et 39 % contre 68 % au niveau des jeunes Européens). Ceci s'explique en grande partie par le fait qu'ils sont aussi les moins nombreux à en avoir déjà entendu parler (41 % et 48 % contre 82 % des jeunes Européens).

En-dehors des variations déjà mentionnées en ce qui concerne l'ensemble des Européens, on notera que les jeunes qui utilisent le plus les médias sont plus nombreux à estimer que le crack et l'extasy sont des drogues dangereuses (78 % et 70 % respectivement contre 70 % et 63 % chez ceux qui les utilisent le moins).

4.1.4.2. Opinions sur certains médicaments.

On vient de voir quelles étaient les drogues que les répondants considéraient comme dangereuses. Mais n'y a-t-il pas des médicaments qui, tout en étant licites, seraient aussi dangereux que ces drogues. C'est ce que la question suivante tente de mesurer.

---

[8] Cette analyse a été réalisée en utilisant le programme SPSSX, méthode rotation VARIMAX.

Question 58: Certains disent qu'il existe des médicaments dont l'utilisation est aussi dangereuse que les drogues les plus dures ? Cela vous paraît-il...?
Certainement vrai
Probablement vrai
Probablement pas vrai
Certainement pas vrai
NSP

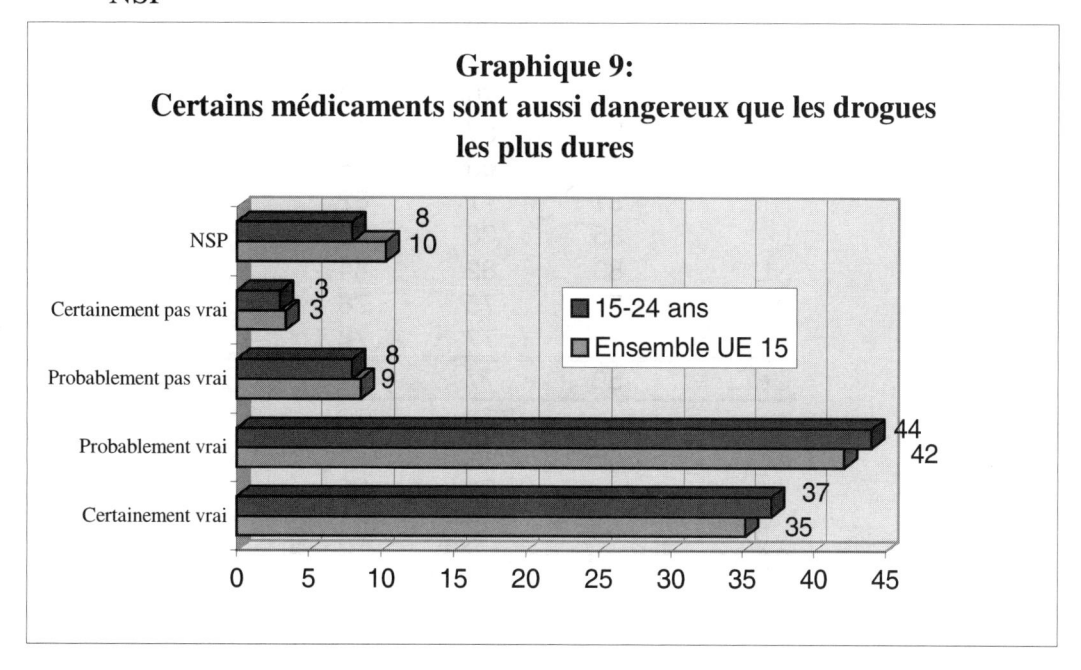

Graphique 9:
Certains médicaments sont aussi dangereux que les drogues les plus dures

Réponse	15-24 ans	Ensemble UE 15
NSP	8	10
Certainement pas vrai	3	3
Probablement pas vrai	8	9
Probablement vrai	44	42
Certainement vrai	37	35

4.1.4.2.1. L'échantillon standard.

77 % des Européens pensent qu'effectivement certains médicaments sont aussi dangereux que les drogues les plus dures (graphique 9). L'opinion publique est donc très au fait des dangers que constitue l'utilisation de certains médicaments. Par rapport à 1992, on observe une légère baisse (comme pour les drogues).

Comme le montre le tableau 18, le taux de sensibilisation semble encore plus élevé au Danemark (91 % en 1995), au Luxembourg (86 %), en France (83 %), aux Pays-Bas (82 %), en Belgique (81 %) et en Suède (81 %).

De même, le taux de sensibilisation s'élève avec le niveau d'instruction: 72 % de ceux qui ont quitté l'école avant 15 ans pensent que c'est probablement ou certainement vrai que certains médicaments sont aussi dangereux que les drogues les plus dures contre 82 % de ceux qui ont terminé leurs études après 20 ans et 83% de ceux qui sont encore étudiants.

Le taux s'élève aussi avec le revenu (75 % chez ceux qui ont les revenus les moins élevés contre 82 % chez ceux qui ont les revenus les plus élevés).

Tableau 18: médicaments dangereux (% certainement ou probablement vrai)

Pays	EB32 1992/1	EB43.0 1995/1	Jeunes 1995/1
B	83	81	80
DK	90	91	91
WD	83	74	79
D	-	75	79
OD	-	79	81
GR	80	79	84
E	71	70	78
F	85	83	89
IRL	67	65	68
I	81	77	82
L	85	86	85
NL	83	82	84
P	74	75	78
UK	78	77	78
UE12	80	77	81
A	-	78	79
SF	-	77	84
S	-	81	85
UE15	-	77	81

Note: NSP compris

Les personnes de plus de 55 ans sont nettement moins sensibilisées que les autres (69 %).

Enfin, plus on est pratiquant, moins on est sensibilisé à ce problème: 66 % de ceux qui se rendent aux services religieux plusieurs fois par semaine pensent que c'est probablement ou certainement vrai contre 78 % de ceux qui ne sont pas pratiquants.

4.1.4.2.2. L'échantillon jeunes.

Comme le montre le tableau 18, les jeunes de 15 à 24 ans sont plus nombreux que l'ensemble des répondants à penser que certains médicaments sont certainement ou probablement aussi dangereux que les drogues les plus dures (81 % contre 77 %).

Cette tendance ne se vérifie toutefois pas dans tous les pays. Ainsi en Belgique, au Danemark, au Luxembourg et en Autriche, on n'observe pas de différences significatives entre les jeunes répondants et l'ensemble des répondants. Dans les autres pays, les différences sont, par contre, souvent assez marquées, notamment en Espagne où la différence entre les deux groupes est de 8 points.

Ceci dit, l'ordre est sensiblement le même dans les deux échantillons. Ainsi, c'est au Danemark qu'on est le plus sensible à ce problème, toutes catégories confondues (91 % pour les deux groupes) et en Irlande qu'aussi bien les jeunes que l'ensemble des répondants sont les moins nombreux à penser que certains médicaments sont aussi dangereux que les drogues les plus dures (68 % et 65 % respectivement).

Comme pour les questions précédentes, on observe les mêmes variations en fonction des variables socio-démographiques. Citons, en outre, que:

- Les plus jeunes (15-19 ans) sont quelque peu moins sensibilisés que les 20-24 ans (79 % des premiers pensent que c'est certainement ou probablement vrai que certains médicaments sont aussi dangereux que les drogues les plus dures contre 83 % des deuxièmes). Ils sont aussi plus nombreux à ne pas avoir d'avis (10 % contre 6 %).

- Les jeunes leaders d'opinion sont plus conscients que les non leaders du danger de certains médicaments (89 % contre 74 %) et nettement moins nombreux à ne pas exprimer d'avis (3 % contre 14 %).

- Il en va de même de ceux qui utilisent le plus les médias par rapport à ceux qui les utilisent le moins (82 % contre 78 % et 6 % contre 10 % respectivement).

4.2. ACCESSIBILITÉ.

4.2.1. LIEUX OÙ ON CONSOMME CES DROGUES.

Question 53: Selon vous, en général, consomme-t-on souvent, parfois ou jamais ces drogues...?
    a) Dans la rue
    b) A ou autour des écoles, des collèges, des universités, etc.
    c) Dans les soirées et fêtes privées
    d) Dans les cafés, discothèques
    e) Dans les concerts, festivals
    f) Dans les clubs sportifs
    g) Dans d'autres clubs ou des centres de loisirs
    h) En vacances

Graphique 10:
Lieux où on consomme souvent de la drogue

Lieu	15-24 ans	Ensemble UE 15
Dans la rue	59	55
Dans les soirées	65	54
Dans les cafés	56	53
Dans les concerts	58	49
A l'école	47	47
En vacances	33	26
Dans d'autres clubs	14	13
Dans les clubs sportifs	12	11

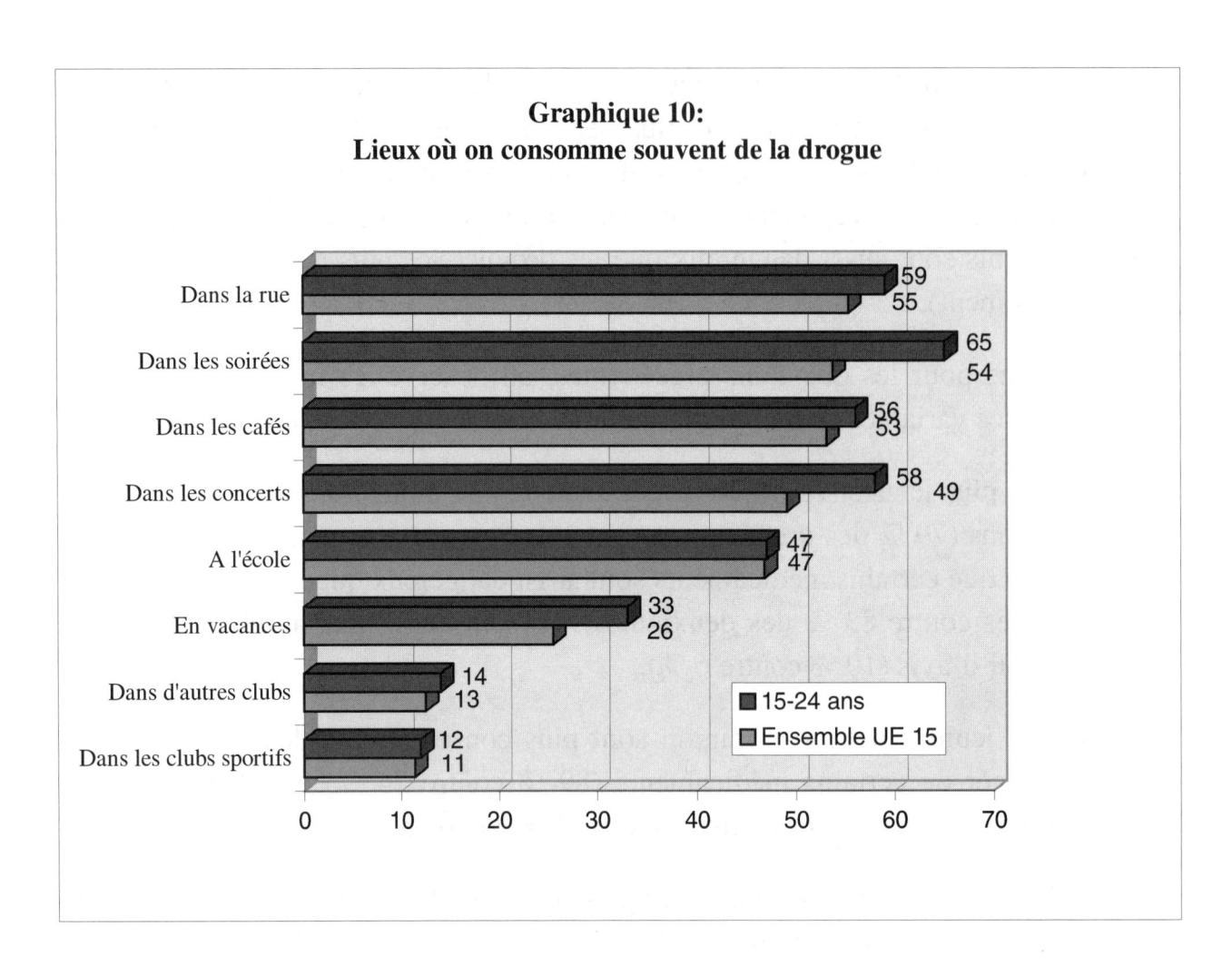

4.2.1.1. L'échantillon standard.

Ainsi que le montre le graphique 10, les trois lieux où le moins d'Européens pensent que l'on consomme souvent de la drogue sont: dans les clubs sportifs (11%), les autres clubs ou centres de loisirs (13 %) et, dans une moindre mesure, en vacances (26 %). A l'inverse, les trois premiers lieux auxquels pensent les Européens sont: la rue (55 %), les soirées et fêtes privées (54 %) et les cafés et discothèques (53 %).

Par rapport à 1992 (tableau 19), si le classement en ce qui concerne les trois premiers lieux où les Européens pensent que l'on consomme souvent de la drogue est resté le même, par contre, le pourcentage de gens qui pensent que l'on consomme souvent de la drogue à ou autour des écoles a fortement augmenté, passant de 32 % en 1992 à 48 % en 1995. Cette augmentation est toutefois peut-être due à une légère modification de cet item, dans un sens moins restrictif. En 1992, il n'était fait mention que de "à l'école".

Tableau 19: Lieux où on consomme souvent de la drogue (% par pays, 1992-1995)

Pays	Année	A	B	C	D	E	F	G	H
B	1992/1	37	26	49	53	50	-	-	26
	1995/1	42	47	53	65	53	12	11	19
DK	1992/1	60	21	37	47	60	-	-	21
	1995/1	66	36	46	53	71	7	10	17
WD	1992/1	37	29	41	41	36	-	-	18
	1995/1	43	43	44	43	39	5	8	14
D	1992/1	37	26	37	39	31	-	-	16
	1995/1	43	41	42	42	35	5	8	13
OD	1992/1	35	11	24	30	13	-	-	7
	1995/1	46	33	34	40	19	4	7	9
GR	1992/1	45	40	49	55	39	-	-	43
	1995/1	49	59	57	66	45	18	31	46
E	1992/1	78	26	65	69	64	-	-	46
	1995/1	71	44	66	69	64	10	16	34
F	1992/1	43	34	48	41	46	-	-	33
	1995/1	45	49	55	36	44	9	9	27
IRL	1992/1	51	19	49	42	56	-	-	37
	1995/1	65	53	64	55	68	16	18	37
I	1992/1	70	40	56	65	53	-	-	40
	1995/1	65	49	61	76	55	13	13	35
L	1992/1	45	43	41	52	36	-	-	29
	1995/1	40	47	38	48	31	9	10	20
NL	1992/1	71	36	30	56	51	-	-	29
	1995/1	73	52	36	62	58	7	11	24
P	1992/1	58	51	47	54	54	-	-	48
	1995/1	59	47	32	52	49	14	16	28
UK	1992/1	70	30	63	51	60	-	-	37
	1995/1	66	57	68	53	60	18	18	31
UE12	1992/1	56	32	50	51	49	-	-	32
	1995/1	56	48	55	54	50	11	13	26
A	1995/1	39	39	47	45	25	7	12	15
SF	1995/1	46	17	20	13	35	10	6	12
S	1995/1	50	31	45	42	42	40	18	16
UE15	1995/1	55	47	54	53	49	11	13	26

Note: NSP compris

Par contre, le pourcentage de gens qui pensent que l'on consomme souvent de la drogue en vacances a, lui, diminué, tant au niveau européen (passant de 32 % à 26 %), qu'au niveau des différents pays.

On observe d'assez grandes variations nationales, aussi bien au niveau du classement, que des pourcentages absolus et que des pourcentages d'indécis (non montrés dans le tableau 19).

La consommation de drogues en rue préoccupe plus particulièrement les Néerlandais (73 % d'entre eux pensent, en 1995, que l'on consomme souvent de la drogue dans la rue), les Espagnols (71 %), les Danois et les Britanniques (66 %), ainsi que les Irlandais et les Italiens (65 %).

La drogue dans les soirées et fêtes privées préoccupe surtout les Britanniques (68 %), les Espagnols (66 %), les Irlandais (64 %), les Italiens (61 %) et les Grecs (57 %).

C'est plus particulièrement en Italie (76 %), en Espagne (69 %), en Grèce (66%), en Belgique (65 %) et aux Pays-Bas (62 %) que l'on pense que l'on consomme souvent de la drogue dans les cafés et discothèques.

La consommation de drogues à ou autour des écoles préoccupe particulièrement les Britanniques (57 %), les Irlandais (53 %) et les Néerlandais (52%).

En ce qui concerne les concerts et festivals, c'est surtout un problème au Danemark (71 %, premier endroit cité), en Irlande (68 %), en Espagne (64 %) et au Royaume-Uni (60 %).

En ce qui concerne les trois derniers endroits, dans aucun pays, on ne trouve des pourcentages supérieurs à 50 %. Tout au plus, notera-t-on que ce sont surtout les Grecs (46 %), les Irlandais (37%), les Italiens (35 %) et les Espagnols (34 %) qui pensent que l'on consomme souvent de la drogue en vacances.

Enfin, on remarquera que ce sont souvent les mêmes pays où l'on trouve des pourcentages élevés de gens inquiets, quelle que soit la drogue (Espagne, Irlande, Italie, Pays-Bas et Royaume-Uni).

A l'inverse, en Allemagne, au Luxembourg, et dans les trois nouveaux venus dans l'Union européenne (Autriche, Finlande et Suède), aucun des pourcentages ne dépasse 50 %.

En ce qui concerne les pourcentages d'indécis, ils sont particulièrement élevés pour les trois derniers lieux, à savoir les clubs sportifs (20 % au niveau de l'UE 15, en 1995), les autres clubs ou centres de loisirs (23 %) et les vacances (18 %). Ils sont, en général, assez élevés au Portugal, en Finlande et en Allemagne de l'Est.

On notera que ceux qui ont déjà entendu parler d'anabolisants, qui en ont déjà vu et qui s'en sont déjà vu proposer sont nettement plus nombreux que les autres à penser que l'on consomme souvent ou parfois de la drogue dans les clubs sportifs.

Les pourcentages sont respectivement de: 55 % contre 35 %; 64 % contre 44 %; et 71% contre 45 %.

A l'exception des clubs sportifs et des centres de loisirs, où l'on n'observe aucune différence significative, les plus âgés (55 ans et plus) sont nettement moins nombreux à penser que l'on consomme de la drogue dans les différents lieux cités.

En ce qui concerne le niveau d'instruction scolaire, en général, plus il est élevé, moins on tend à penser que l'on consomme de la drogue dans les différents lieux cités. Trois exceptions: les soirées, les concerts et les vacances où ceux qui sont encore aux études, sans doute les plus concernés et les mieux au courant, sont nettement plus nombreux à penser que l'on y consomme de la drogue (63 %, 61 % et 31 % respectivement).

Les femmes sont quelque peu plus nombreuses que les hommes à penser que l'on consomme de la drogue dans la rue, à ou autour des écoles, dans les soirées et fêtes privées et dans les cafés et discothèques. Pour les autres endroits, il n'y a pas de différence significative.

4.2.1.2. L'échantillon jeunes.

Tableau 20: Lieux où on consomme souvent de la drogue (% par pays, 1995, échantillon jeunes)

Pays	A	B	C	D	E	F	G	H
B	47	43	61	70	61	12	11	20
DK	67	33	62	55	80	7	10	21
WD	42	41	55	50	47	8	13	21
D	43	38	53	49	44	7	12	19
OD	46	27	43	49	30	4	6	7
GR	50	60	56	68	44	19	32	46
E	76	43	73	68	72	7	15	39
F	50	55	71	31	58	8	7	41
IRL	68	53	74	62	74	15	16	39
I	63	50	66	78	61	14	13	35
L	42	46	52	57	49	6	9	27
NL	73	45	48	66	63	8	17	38
P	70	51	44	54	59	19	22	39
UK	75	59	82	54	66	16	17	43
A	44	38	51	49	38	12	13	20
SF	45	11	31	20	52	10	8	18
S	53	21	58	46	53	44	19	19
UE15	59	47	65	56	58	12	14	33

Note: NSP compris

Comme l'ensemble des répondants, les jeunes de 15 à 24 ans pensent que les trois lieux où on est le moins susceptible de consommer de la drogue sont les clubs sportifs (12 % seulement des jeunes pensent qu'on y consomme souvent de la drogue), les clubs de loisirs (14 %) et en vacances (33 %).

Par contre, les jeunes sont beaucoup plus nombreux que l'ensemble des répondants à penser que l'on consomme souvent de la drogue dans les soirées et fêtes privées (65 % contre 54 %), sans doute parce qu'ils sont mieux au courant que leurs aînés de ce qui s'y passe réellement. C'est d'ailleurs le lieu qui arrive en tête des citations. En deuxième position vient la rue (59 % contre 55 % parmi l'ensemble des répondants), puis les concerts et festivals (58 % contre 49 %).

D'une manière générale, on remarquera que les jeunes sont plus nombreux que l'ensemble des répondants à citer tous les lieux.

Les jeunes Finlandais sont systématiquement moins nombreux que la moyenne des jeunes Européens à citer les différents lieux.

Ce sont surtout les jeunes Britanniques qui citent les soirées et fêtes privées parmi les lieux où on consomme souvent de la drogue (82 %). Avec les jeunes Espagnols, ils sont aussi particulièrement nombreux à citer la rue (75 % et 76 %) respectivement. L'inverse, ce sont les jeunes Allemands qui sont les moins préoccupés par la consommation de drogues en rue (43 %).

La consommation de drogues dans les concerts et festivals est surtout citée par les jeunes Danois et le moins par les jeunes Autrichiens (38 %).

4.2.2. FACILITÉ D'OBTENTION DE CES DROGUES.

Question 54: D'après-vous, obtenir de la drogue est-ce...?[9]
Très difficile
Assez difficile
Assez facile
Très difficile
NSP

---

[9] En automne 1990 (EB 34.1), la question avait été posée sous une forme différente. De plus, les catégories de réponse n'étaient pas les mêmes, ce qui rend toute comparaison difficile. La question était la suivante: "Certains types de drogues sont plus utilisés que d'autres. D'après vous, est-il difficile d'obtenir les drogues suivantes ? Est-ce...presque impossible, très difficile, assez difficile, assez facile, très facile, aucun problème.

A ceux qui avaient répondu que c'était assez facile ou très facile de se procurer des drogues, on a ensuite demandé où, selon eux, on pouvait le faire.

Question 55: (SI ASSEZ FACILE OU TRES FACILE)
  A votre avis, peut-on ou non se procurer des drogues... ?
  a) Par des amis ou connaissances
  b) Par votre conjoint/partenaire ou un membre de votre famille
  c) Dans la rue
  d) A ou autour des écoles, des collèges, des universités, etc.
  e) Dans les soirées et fêtes privées
  f) Dans les cafés, discothèques
  g) Dans les concerts, festivals
  h) Dans les clubs sportifs
  i) Dans d'autres clubs ou des centres de loisirs
  j) Par un médecin
  k) En vacances

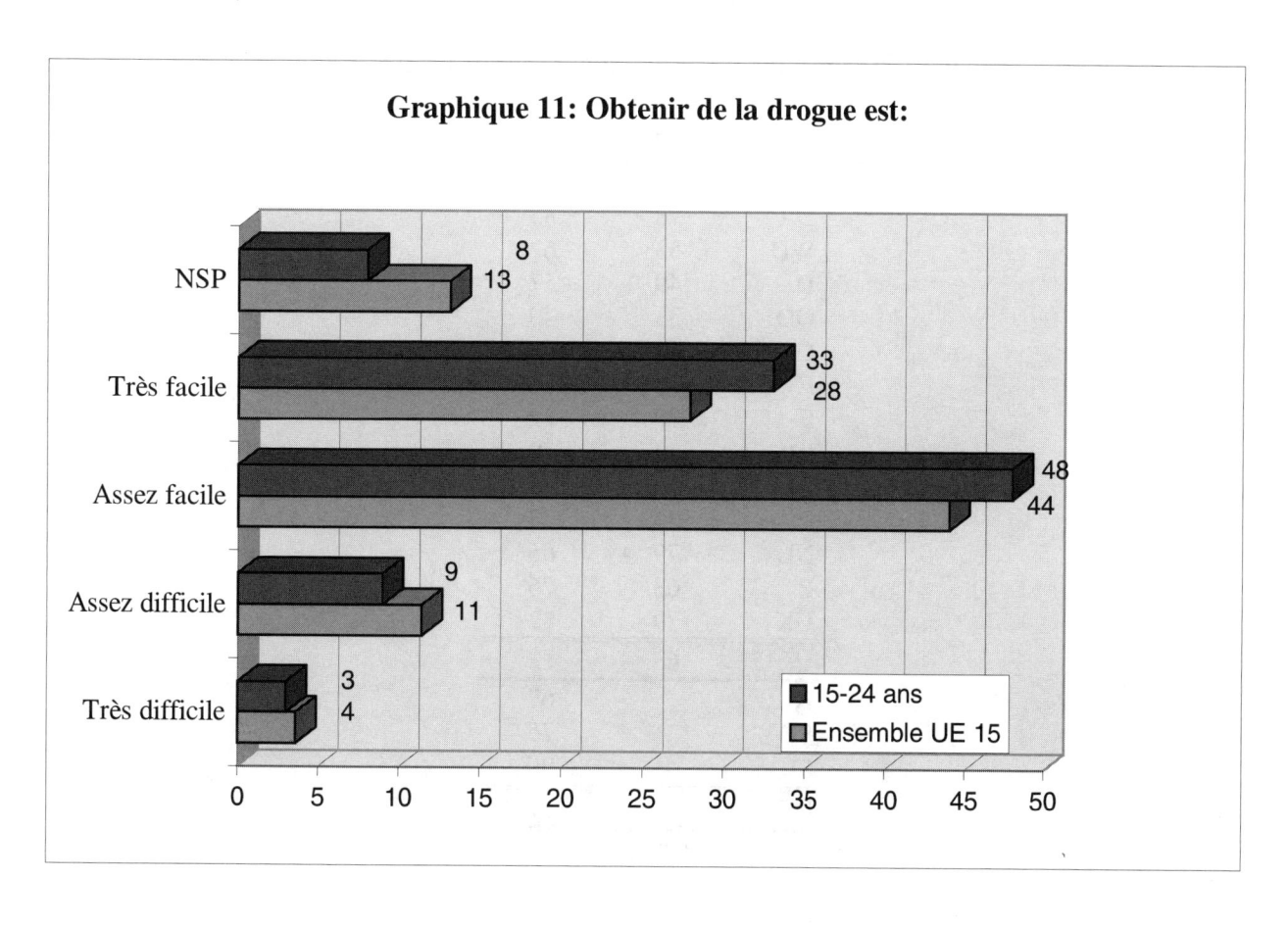

Graphique 11: Obtenir de la drogue est:

	15-24 ans	Ensemble UE 15
NSP	8	13
Très facile	33	28
Assez facile	48	44
Assez difficile	9	11
Très difficile	3	4

4.2.2.1. L'échantillon standard.

Près d'un Européen sur trois (28 %) pense qu'obtenir de la drogue est très facile (graphique 11); 44 % que c'est assez facile. Seulement 4 % pensent que c'est très difficile. Enfin, on notera que 13 % ne savent pas.

Par rapport à 1992 (tableau 21), plus d'Européens pensent qu'obtenir de la drogue est assez ou très facile (72 % contre 68 %).[10]

Par ailleurs, on observe, ici encore, quelques différences selon les pays. C'est dans la partie Est de l'Allemagne que les gens qui pensent qu'obtenir de la drogue est assez ou très facile sont les moins nombreux (40 %). A l'inverse, c'est en Suède (90 %), aux Pays-Bas (86 %), au Danemark (83 %) et au Royaume-Uni qu'ils sont les plus nombreux.

En ce qui concerne l'Europe des Douze, à l'exception de l'Italie et du Luxembourg, on observe la même tendance entre 1992 et 1995 qu'au niveau de l'ensemble de l'UE 12, à savoir que le nombre de gens qui pensent que se procurer de la drogue est assez ou très facile a tendance à augmenter.

Tableau 21: Obtenir de la drogue est assez ou très facile

Pays	EB37 1992/1	EB43.0 1995/1
B	57	73
DK	78	83
WD	53	62
D	49	57
OD	33	40
GR	61	68
E	73	76
F	70	72
IRL	57	79
I	79	75
L	74	73
NL	79	86
P	68	76
UK	79	82
UE12	68	72
A	-	67
SF	-	75
S	-	90
UE15	-	72

Note: NSP compris

Le fait de trouver que se procurer de la drogue est aisé est essentiellement une question d'âge. 33 % des 15-24 ans et 30 % de ceux qui sont encore aux études pensent que c'est très facile, des pourcentages nettement supérieurs à la moyenne.

---

[10] En 1990 (EB 34.1), 51 % des Européens considéraient qu'obtenir de la drogue ne représentait aucun problème ou était très ou assez facile. Il semble donc bien que de plus en plus d'Européens pensent qu'obtenir de la drogue est facile.

De même, ceux à qui on n'a proposé aucune drogue sont nettement moins nombreux à penser que c'est facile de s'en procurer: 24 % d'entre eux trouvent que c'est très facile contre 41 % pour ceux à qui on en a déjà au moins présenté une.

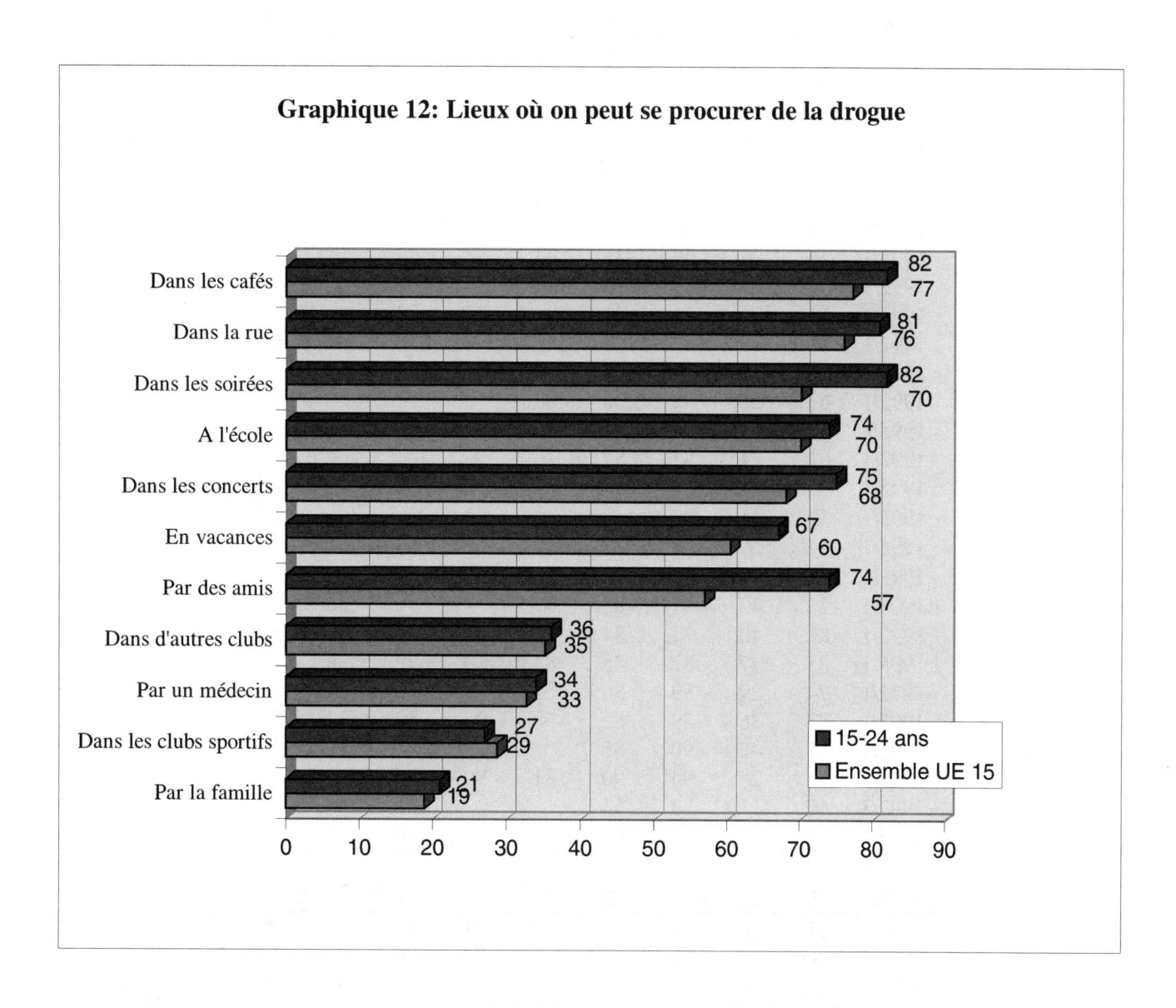

Graphique 12: Lieux où on peut se procurer de la drogue

Lieu	15-24 ans	Ensemble UE 15
Dans les cafés	82	77
Dans la rue	81	76
Dans les soirées	82	70
A l'école	74	70
Dans les concerts	75	68
En vacances	67	60
Par des amis	74	57
Dans d'autres clubs	36	35
Par un médecin	34	33
Dans les clubs sportifs	27	29
Par la famille	21	19

Comme le montre le graphique 12, les trois lieux où on peut le plus facilement se procurer de la drogue sont: dans les cafés et discothèques (77 % des Européens pensent qu'on peut en effet s'y procurer de la drogue), dans la rue (76 %), et, ex-aequo, à ou autour des écoles et dans les soirées et fêtes privées (70 %). On remarquera qu'à l'exception des écoles, ces sont les mêmes lieux que ceux où les Européens pensaient que l'on consommait souvent de la drogue (graphique 10).

A l'inverse, les Européens sont nettement moins nombreux à penser que l'on peut se procurer de la drogue dans les clubs sportifs et d'autres clubs ou centres de loisirs (29 % et 35 % respectivement), ainsi que chez le médecin (33 %).

Tableau 22: Lieux où on peut se procurer de la drogue (% par pays, 1992-1995)

Pays	Année	A	B	C	D	E	F	G	H	I	J	K
B	1992/1	64	20	81	78	-	-	-	-	78	31	67
	1995/1	72	20	83	91	87	95	82	43	47	41	69
DK	1992/1	24	5	73	23	-	-	-	-	20	23	43
	1995/1	28	7	78	41	42	71	78	11	24	29	51
WD	1992/1	24	3	56	36	-	-	-	-	32	16	39
	1995/1	26	5	56	53	44	58	45	11	19	14	39
D	1992/1	22	2	55	33	-	-	-	-	31	15	38
	1995/1	24	4	55	51	43	57	43	11	19	14	38
OD	1992/1	8	1	49	16	-	-	-	-	24	11	30
	1995/1	14	1	46	39	35	53	32	8	18	12	32
GR	1992/1	71	19	63	62	-	-	-	-	60	38	65
	1995/1	61	13	68	79	80	86	68	30	58	48	77
E	1992/1	63	22	92	38	-	-	-	-	57	23	55
	1995/1	58	13	83	54	73	79	70	18	30	28	52
F	1992/1	81	21	87	87	-	-	-	-	72	27	80
	1995/1	82	21	88	89	89	82	80	33	42	34	78
IRL	1992/1	50	11	80	42	-	-	-	-	59	35	60
	1995/1	44	7	76	72	75	78	80	27	31	43	59
I	1992/1	64	43	92	88	-	-	-	-	83	23	75
	1995/1	72	43	89	86	87	94	78	36	38	21	73
L	1992/1	83	40	77	84	-	-	-	-	53	26	68
	1995/1	85	47	82	88	81	89	72	36	44	44	67
NL	1992/1	74	29	89	80	-	-	-	-	73	31	67
	1995/1	77	36	89	82	58	92	82	23	36	48	70
P	1992/1	85	42	90	85	-	-	-	-	78	29	79
	1995/1	77	25	94	90	81	90	86	46	47	27	69
UK	1992/1	60	12	73	52	-	-	-	-	57	54	57
	1995/1	56	14	70	68	74	75	70	37	42	57	58
UE12	1992/1	59	21	80	62	-	-	-	-	61	29	62
	1995/1	59	20	77	72	72	79	70	28	35	33	61
A	1995/1	17	2	41	43	40	51	26	9	20	16	32
SF	1995/1	67	32	90	76	66	70	79	48	57	41	83
S	1995/1	22	4	62	44	44	59	53	55	36	40	56
UE15	1995/1	57	19	76	70	70	77	68	29	35	33	60

Note: NSP compris

Par rapport à 1992 (tableau 22), les Européens de l'UE 12 seraient plutôt plus nombreux à penser que c'est facile de se procurer de la drogue à ou autour des écoles (+10 points).[11] Comme mentionné dans la section précédente toutefois,

---

[11] Cette question avait également été posée en 1990, mais sous une forme différente, ce qui interdit toute comparaison. Dans l'EB 34.1 en effet, on demandait aux répondants si, selon eux, c'était exact ou faux qu'on puisse se procurer de la drogue dans les huit lieux cités.

cette augmentation est sans doute due à une légère modification de cet item, dans un sens moins restrictif. En 1992, il n'était fait mention que de "à l'école".

En ce qui concerne les autres clubs, c'est la tendance inverse que l'on observe (- 36 points). Toutefois, là aussi, la différence est, selon toute vraisemblance, due à une modification du *trend*. Dans l'EB 37, il n'était fait mention que "dans des clubs", alors que dans l'EB 43, on fait la distinction entre les clubs sportifs et les autres clubs.

En ce qui concerne l'item "par votre conjoint/partenaire ou membre de votre famille", certaines différences (maximum de 47 % au Luxembourg; minimum de 1% en Allemagne de l'Est) peuvent peut-être en partie s'expliquer par la façon plus ou moins restrictive dont cet item a été perçu par les répondants.

Comme c'était le cas en ce qui concerne les lieux de consommation et suivant les mêmes modalités, il convient de noter que les pourcentages d'indécis varient fortement selon les lieux et les pays.

Comme c'était déjà le cas pour les lieux de consommation, on notera que ceux qui ont déjà entendu parler d'anabolisants, qui en ont déjà vu et qui s'en sont déjà vu proposer sont nettement plus nombreux à penser que l'on peut se procurer de la drogue dans les clubs sportifs, mais aussi chez le médecin. Les pourcentages sont respectivement de 30 % contre 23 % (pas entendu), 33 % contre 28 % et 39 % contre 28 % pour les clubs sportifs, et de 36 % contre 27 %, 51 % contre 35 % et 51 % contre 36 % pour les médecins.

En ce qui concerne les variables socio-démographiques, on note les mêmes tendances qu'en ce qui concerne les lieux de consommation. On n'y reviendra donc pas.

4.2.2.2. L'échantillon jeunes.

On l'a dit, les jeunes de 15 à 24 ans sont nettement plus nombreux à penser que c'est très facile de se procurer de la drogue (graphique 11). Ils sont aussi moins nombreux à ne pas avoir d'avis. Ceci est d'ailleurs vrai dans tous les pays de l'Union européenne.

Le classement des pays est, lui aussi, sensiblement le même que pour l'ensemble des répondants. On retrouve en effet les mêmes quatre pays aux quatre premières places, à savoir la Suède (93 % des jeunes Suédois estiment que se procurer de la drogue est assez ou très facile), les Pays-Bas (89 %), le Danemark et le Royaume-Uni (88 %). A l'opposé, les jeunes Allemands de l'Est, comme leurs aînés, sont les moins nombreux à penser que c'est facile (53 %). Ils sont également les plus nombreux à ne pas savoir (16 %).

Tableau 23: Obtenir de la drogue est (jeunes: EB43.0+43.1)

Pays	Assez ou très facile	NSP
B	75	7
DK	88	2
WD	77	11
D	72	12
OD	53	16
GR	80	7
E	84	6
F	79	6
IRL	86	5
I	77	12
L	80	8
NL	89	2
P	84	7
UK	88	6
A	73	14
SF	80	2
S	93	1
UE15	80	8

Tableau 24: Lieux où on peut se procurer de la drogue (% par pays, 1995, échantillon jeunes)

Pays	A	B	C	D	E	F	G	H	I	J	K
B	79	23	85	89	92	96	87	34	41	31	68
DK	59	12	81	48	67	79	93	15	28	28	63
WD	49	6	61	58	62	71	56	11	24	15	43
D	47	5	60	57	61	70	55	11	24	15	41
OD	34	1	52	49	54	67	50	10	21	16	30
GR	70	20	71	82	82	88	72	33	64	46	79
E	81	16	92	64	88	90	81	16	39	32	67
F	85	24	87	89	93	75	84	29	36	36	81
IRL	69	7	85	81	91	88	92	30	37	44	74
I	81	42	88	83	89	94	76	33	32	19	71
L	92	50	85	93	91	92	84	32	47	53	74
NL	84	45	89	77	67	92	84	23	41	53	71
P	85	26	95	90	82	92	90	47	49	30	76
UK	88	20	84	76	94	83	80	34	42	64	77
A	39	3	55	56	63	72	42	20	29	23	45
SF	75	35	97	74	76	78	89	44	57	35	84
S	47	6	73	49	69	66	74	67	43	40	70
UE15	74	21	81	74	82	82	75	27	36	34	67

Note: NSP compris

A l'exception des clubs sportifs (27 % contre 29 %), les jeunes Européens sont plus nombreux que l'ensemble des répondants à citer tous les lieux comme étant susceptibles d'être des lieux on peut se procurer de la drogue.

On retrouve les quatre mêmes lieux qu'au niveau de l'ensemble des répondants parmi les moins cités, savoir le conjoint/partenaire ou membre de la famille (21 % seulement des jeunes pensent qu'on peut obtenir de la drogue par ce canal), les clubs sportifs (27 %), le médecin (34 %), les clubs de loisirs (36 %) et les vacances (67 %).

Par contre, comme pour la question sur les lieux de consommation, les soirées et fêtes privées sont le premier lieu cité par les jeunes pour obtenir de la drogue (82%, ex-aequo avec les cafés et discothèques). Très souvent citée également: la rue (81 % des jeunes pensent qu'on peut s'y procurer de la drogue).

On retrouve grosso modo le même classement au niveau des différents pays.

D'une manière générale, les jeunes Allemands de l'Est sont nettement moins nombreux que les autres à citer les différents lieux. C'est assez logique au vu de la question précédente, puisqu'on a vu qu'ils étaient nettement moins nombreux que les autres à penser qu'on peut se procurer facilement de la drogue.

Les soirées et fêtes privées sont surtout citées par les jeunes Britanniques (94%), les jeunes Belges (92 %) et les jeunes Irlandais et Luxembourgeois (91 %).

Plus de neuf jeunes sur dix citent les cafés et discothèques en Belgique (96 %), en Italie (94 %), en Italie, au Luxembourg et aux Pays-bas (92 %) et en Espagne (90 %). Les jeunes Suédois, à l'inverse, sont les moins nombreux à citer cet endroit (66 %).

La rue est citée par plus de neuf jeunes sur dix en Finlande (97 %), au Portugal (95 %) et en Espagne (92 %).

5. PRIORITÉ EN MATIÈRE DE LUTTE CONTRE LA DROGUE.

Question 56: Quelle est, à vos yeux, la première priorité pour éliminer le problème de la drogue ?
Réprimer les trafiquants
Informer sur les problèmes de la drogue
Promouvoir et enseigner l'hygiène de vie et la santé
Résoudre les problèmes sociaux et économiques comme le chômage
Prendre de nouvelles mesures législatives, réprimant MOINS la consommation de drogues
Prendre de nouvelles mesures législatives, réprimant PLUS la consommation de drogues
Améliorer le traitement des drogués
Intensifier la recherche scientifique
NSP

Graphique 13:
Priorité pour éliminer le problème de la drogue

	15-24 ans	Ensemble UE 15
Réprimer les trafiquants	48	55
Résoudre les problèmes économiques	15	14
Informer	12	9
Promouvoir et enseigner l'hygiène de vie	6	6
Réprimer plus	6	6
Améliorer le traitement	5	3
Réprimer moins	5	3
Intensifier la recherche	1	1

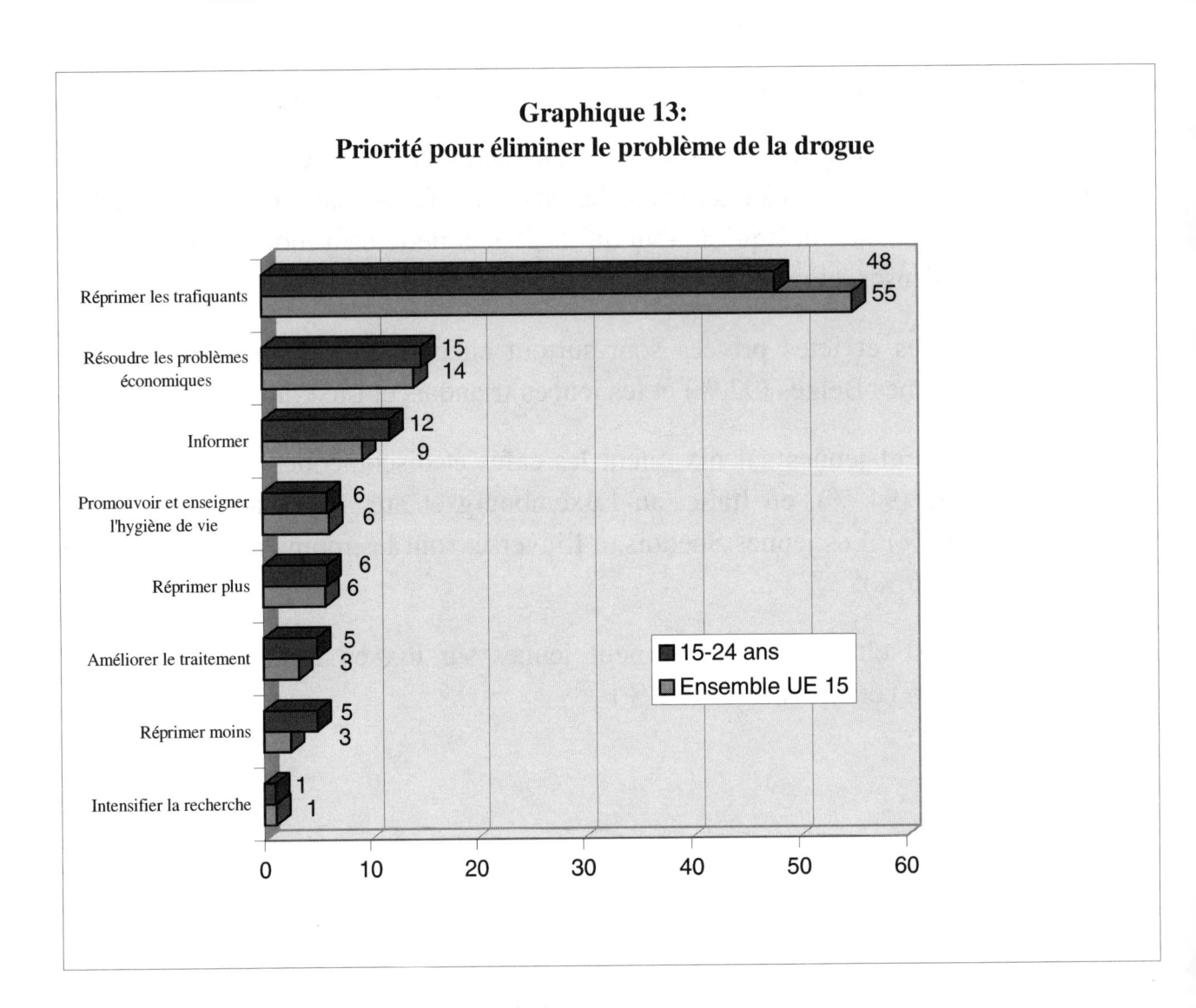

5.1. L'ÉCHANTILLON STANDARD.

Ainsi que le montre le graphique 13, pour les Européens, la répression des trafiquants est **LA** priorité pour éliminer le problème de la drogue. C'est en effet la seule mesure qui se détache clairement, avec 55 % des suffrages. En deuxième position, mais loin derrière, vient la résolution des problèmes sociaux et économiques comme le chômage (14 %).

Ces résultats doivent néanmoins être interprétés avec prudence. "Première priorité" ne veut en effet pas nécessairement dire la méthode qui, dans l'absolu, serait, aux yeux des répondants, la plus efficace à long terme. Sans doute, intervient-il ici un jugement court/long terme. On peut, par exemple, penser que les problèmes sociaux et économiques sont fondamentalement à la base du problème de la toxicomanie et que, tant qu'il ne sera pas résolu, il y aura toujours des drogués et néanmoins, choisir, à court terme, comme première priorité la répression des trafiquants.

La priorité est la même dans les quinze pays de l'Union européenne: partout, la répression l'emporte sur toute autre mesure (tableau 25). Dans trois pays seulement, la Suède, les Pays-Bas et la Finlande, les mesures répressives ne rencontrent pas l'asssentiment d'une majorité des répondants (44 %, 45 % et 46 % respectivement).

De même, on notera que, par rapport à 1992, les priorités sont restées les mêmes.[12] Tout au plus, note-t-on une légère diminution de la proportion de personnes choisissant la répression des trafiquants: au niveau de l'UE 12, on passe en effet de 61 % en 1992 à 56 % en 1995. Mais cette différence s'explique en grande partie par le fait qu'en 1992, les répondants n'avaient à choisir qu'entre sept mesures, alors qu'en 1995, huit mesures leur étaient proposées.[13]

---

[12] En 1989 (EB 32.A) et 1990 (EB34.1), on avait posé la question suivante: "Pour éliminer le problème de la drogue, on peut agir de différentes manières. Quelle est à vos yeux, la première priorité ? Et ensuite ? Et ensuite ? Informer sur les dangers des drogues, pourchasser les trafiquants et distributeurs, pénaliser la consommation de drogues, soigner et réinsérer les drogués, financer la recherche de produits de substitution, de traitement de désintoxication, lutter contre les causes sociales de la toxicomanie, renforcer le contrôle de la distribution et de l'utilisation de médicaments. Aussi bien en 1989 qu'en 1990, la répression des trafiquants arrivait en première position. Voir INRA (1990).

[13] Les résultats des deux années ne sont donc pas strictement comparables. Il s'agit en effet d'un *trend* modifié. Certains items sont légèrement différents, d'autres ne sont pas du tout comparables. Ainsi, par exemple, dans l'EB 37, on ne parlait que de "prendre des mesures législatives", alors que dans l'EB 43, on a fait une distinction concernant ces mesures législatives entre "en réprimant moins la consommation de drogue" et "en réprimant plus la consommation de drogue".

Tableau 25: Priorité pour éliminer le problème de la drogue (% par pays, 1992-1995)

Pays	Année	Réprimer trafiquants	Informer	Promouvoir	Résoudre	Réprimer consommation Moins	Réprimer consommation Plus	Améliorer	Recherche
B	1992/1	58	9	9	12			5	1
	1995/1	47	10	5	13	3	12	4	2
DK	1992/1	52	14	6	19			4	1
	1995/1	52	11	5	17	1	5	8	1
WD	1992/1	59	8	5	14			8	1
	1995/1	55	7	4	14	3	8	7	2
D	1992/1	59	7	5	17			6	1
	1995/1	55	6	3	17	2	7	6	2
OD	1992/1	57	4	4	29			1	1
	1995/1	52	5	1	32	1	5	3	1
GR	1992/1	70	13	3	7			2	1
	1995/1	61	16	6	7	3	2	3	2
E	1992/1	64	5	11	10			2	1
	1995/1	54	9	14	11	3	5	2	1
F	1992/1	59	8	8	16			3	2
	1995/1	57	11	3	16	4	4	4	1
IRL	1992/1	62	6	13	10			2	1
	1995/1	60	6	11	11	2	5	2	1
I	1992/1	66	8	7	11			2	1
	1995/1	58	12	6	13	1	5	1	1
L	1992/1	65	9	5	9			7	2
	1995/1	50	18	3	9	5	5	6	1
NL	1992/1	54	14	4	14			3	1
	1995/1	45	18	2	14	5	9	4	2
P	1992/1	59	9	14	8			3	2
	1995/1	66	3	7	14	3	4	1	1
UK	1992/1	58	6	13	11			8	2
	1995/1	56	5	11	14	2	6	2	1
UE12	1992/1	61	8	8	13			4	1
	1995/1	56	9	6	15	3	6	3	1
A	1995/1	62	10	4	9	2	6	5	1
SF	1995/1	46	18	11	12	1	5	4	1
S	1995/1	44	23	3	16	1	8	3	1
UE15	1995/1	55	9	6	14	3	6	3	1

Note: NSP compris

Toujours dans le même ordre d'idées, en 1989 (EB 37.0), on avait posé la question suivante aux Européens:

<u>Question 100</u>: Différentes mesures peuvent être prises pour réduire les conséquences de l'utilisation de drogues. Pour chacune des mesures suivantes, pouvez-vous me dire si vous y êtes favorable ou défavorable ?

	% favorables
Réprimer les trafiquants	97 %
Ouvrir des centres de prise en charge pour drogués	93 %
Traiter les drogués par des produits de substitution (méthadone)	71 %
Réprimer ou isoler les toxicomanes	50 %
Distribuer gratuitement des seringues	45 %
Faire baisser le prix des drogues	18 %

Comme on le voit, là aussi, c'était la répression qui l'emportait.[14]

D'autre part, d'une question *trend* sur le niveau de décision concernant 22 domaines politiques, dont la lutte contre la drogue, posée dans le cadre de l'EB 43.1, il ressort que cette répression devrait être organisée au niveau européen. 77 % des Européens estimaient en effet que les décisions concernant la lutte contre la drogue devraient être prises en commun au sein de l'Union européenne, 19 % qu'elles devraient être prises par les gouvernements nationaux et 4 % n'avaient pas d'opinion. Seule la politique de coopération avec les pays en voie de développement obtenait un score pro-européen plus élevé (78 %).

Pour revenir à notre question, en 1995, certains pays se montrent plus répressifs que d'autres. C'est le cas notamment:

- du Portugal (66 % en faveur de la répression des trafiquants);

- de l'Autriche (62 %);

- de la Grèce (61 %);

- de l'Irlande (60 %).

Les Allemands de l'Est, tout en accordant leur priorité à la répression, mettent davantage l'accent que les autres sur la solution des problèmes sociaux et économiques (32 %). Peut-être parce qu'ils sont plus que d'autres touchés par la crise économique et le chômage ?

Les Suédois, quant à eux, mettent davantage l'accent sur l'information (23 %).

---

[14] Pour plus détails, voir Institut d'Hygiène et d'Epidémiologie (1992: 50-52)

Les jeunes, les plus instruits, les gens de gauche, les athées et, dans une moindre mesure, les hommes sont nettement moins répressifs que les autres. En effet:

- en ce qui concerne l'âge, les pourcentages de répondants qui pensent que réprimer les trafiquants est la première priorité sont les suivants (UE 15):[15]
    - 15-24 ans: 48 %
    - 25-39 ans: 49 %
    - 40-54 ans: 58 %
    - 55 ans et plus: 63 %
- en ce qui concerne le niveau d'instruction, on a la distribution suivante:
    - quitté l'école avant 15 ans: 64 %
    - entre 16 et 19 ans: 56 %
    - après 20 ans: 47 %
    - encore aux études: 45 %
- en ce qui concerne les attitudes politiques:
    - gauche: 48 %
    - centre: 56 %
    - droite: 59 %
- en ce qui concerne l'appartenance religieuse:
    - aucune: 48 %
    - protestante: 57 %
    - catholique: 58 %
    - orthodoxe: 60 %
- 53 % des hommes choisissent la répression des trafiquants contre 57 % des femmes.

---

[15] On retrouve les mêmes tendances en ce qui concerne l'item "réprimer moins la consommation de drogue", et, assez logiquement, la tendance inverse en ce qui concerne l'item "réprimer plus la consommation de drogue".

On mentionnera également que:

- les personnes de 25 à 39 ans, ceux qui sont plus instruits, les gens de gauche et les athées sont plus nombreux à considérer que la première priorité est de résoudre les problèmes économiques et sociaux comme le chômage;

- les jeunes de 15 à 24 ans et ceux qui sont encore aux études sont quelque peu plus nombreux à penser qu'il faut d'abord améliorer le traitement des drogués.

5.2. L'ÉCHANTILLON JEUNES.

Tableau 26: Priorité pour éliminer le problème de la drogue (% par pays, 1995, échantillon jeunes)

Pays	Réprimer trafiquants	Informer	Promouvoir	Résoudre	Réprimer consommation Moins	Réprimer consommation Plus	Améliorer	Recherche
B	45	13	5	12	4	11	6	1
DK	40	9	6	21	2	5	14	0
WD	47	9	6	19	6	2	6	2
D	47	9	5	21	5	3	6	1
OD	47	9	0	28	2	6	6	1
GR	54	21	7	8	2	2	5	2
E	44	13	16	11	8	4	2	0
F	48	11	2	18	7	5	7	1
IRL	53	10	11	12	3	5	4	1
I	54	16	4	12	1	9	1	1
L	46	21	2	7	8	5	6	1
NL	41	19	2	12	7	12	5	1
P	57	5	9	17	2	4	3	1
UK	48	10	10	12	5	7	4	2
A	53	13	4	10	2	5	8	3
SF	45	18	7	10	1	7	9	2
S	34	26	3	16	1	11	5	3
UE15	48	12	6	15	5	6	5	1

Note: NSP compris

Jeunes et autres ont exactement le même ordre de priorité en ce qui concerne l'élimination du fléau de la drogue. Comme déjà mentionné, les jeunes de 15 à 24 ans, même s'ils placent la répression en première place des mesures à prendre pour éliminer le problème de la drogue, se montrent toutefois moins répressifs que l'ensemble des répondants: 48 % d'entre eux ont cité cette mesure contre 55 % pour l'ensemble des répondants.

Ce sont les jeunes Portugais (57 %), les jeunes Grecs (54 %), les jeunes Italiens (54 %) et les jeunes Autrichiens (53 %) (c-à-d à peu près les mêmes pays qu'au niveau de l'ensemble de l'échantillon) qui se montrent les plus répressifs. A l'inverse, ce sont les jeunes Suédois (34 %), les jeunes Danois (40 %) et les jeunes Néerlandais (41 %) qui le sont le moins.

Comme pour les autres questions, on observe les mêmes variations d'opinions en fonction des variables socio-démographiques. Pour le reste, on notera que les jeunes leaders d'opinion sont nettement moins répressifs que les autres et plus nombreux à prôner une meilleure politique d'information sur les problèmes de la drogue: 38 % de ceux qui sont en haut de l'échelle de leadership choisissent la répression des trafiquants contre 54 % de ceux qui sont en bas de l'échelle; 18 % des leaders sont d'avis qu'il faut informer contre 10 % des non leaders.

5.3. JUGEMENT DE L'EFFICACITÉ DES DIVERSES MESURES.

En 1989 (EB32.A) et 1990 (EB 34.1), on avait également posé la question suivante aux Européens.

> Question: Sur chacun de ces plans, avez-vous l'impression que les efforts sont actuellement très efficaces, assez efficaces, peu efficaces, pas du tout efficaces ?
> Informer sur les dangers des drogues
> Pourchasser les trafiquants et distributeurs
> Pénaliser la consommation de drogues
> Soigner et réinsérer les drogués
> Financer la recherche de produits de substitution, de traitement de désintoxication
> Lutter contre les causes sociales de la toxicomanie
> Renforcer le contrôle de la distribution et de l'utilisation de médicaments

D'une manière générale, il ressortait que les Européens avaient tendance à douter de l'efficacité des efforts faits pour lutter contre la toxicomanie, et ceci quel que soit le type d'action concerné. Ainsi, par exemple, en automne 1989, le pourcentage le plus élevé était obtenu par l'item "informer sur les dangers des drogues". Moins de la moitié toutefois des répondants (44 %) estimaient que les efforts étaient très ou assez efficaces.[16]

En 1989, on avait également demandé aux Européens s'il était utile d'avoir des efforts de collaboration au sein de la Communauté européenne. La question était la suivante:

---

[16] En 1989 (EB 32.A) et en 1990 (EB 34.1), on avait posé une autre question sur l'efficacité des mesures prises dans la lutte contre la drogue. La question était la suivante: "Les mesures prises dans (VOTRE PAYS) par les Pouvoirs Publics vous paraissent-elles capables de régler le problème drogue avec le temps ? Oui certainement, oui probablement, non probablement pas, non certainement pas ?" Là encore le pessimisme l'emportait. Voir, à ce sujet, INRA (1990: 64-65)

Question 103: Reprenons cette même liste d'actions possibles. Pour lesquelles vous parait-il utile ou inutile d'avoir des efforts de collaboration et d'harmonisation au sein de la Communauté europénne ?

Pour toutes les actions proposées, une majorité, parfois écrasante, de répondants estimait qu'une collaboration serait utile. Les pourcentages variaient entre un minimum de 63 % pour la pénalisation de la consommation de drogues à un maximum de 91 % pour la chasse aux trafiquants et distributeurs.

Les deux pays qui étaient le moins favorables à pareilles coordinations étaient également ceux dont l'opinion était la moins favorable aux efforts d'unification européenne, à savoir le Danemark et le Royaume-Uni (moyennes de 69 % et 67 % pour tous types de mesures mêlés).

Les jeunes s'opposaient quasiment à tout effort conjoint de pénalisation de la consommation de drogues. Ils voyaient, par contre, de meilleures opportunités de collaboration dans les voies du traitement et du financement de la recherche.[17]

---

[17] Voir INRA (1990: 77-81).

6. OPINIONS CONCERNANT LE TRAITEMENT DE LA TOXICOMANIE.

> Question 57: D'après vous, pour obtenir une information ou un conseil en matière de toxicomanie, à qui vaut-il mieux s'adresser ? (PLUSIEURS RÉPONSES POSSIBLES)
> A un proche
> A un médecin
> A un service d'accueil téléphonique "drogue"
> A un centre de traitement spécialisé
> A un service de police
> A un service d'aide sociale
> NSP

**Graphique 14:
A qui faut-il s'adresser pour obtenir
une information en matière de toxicomanie**

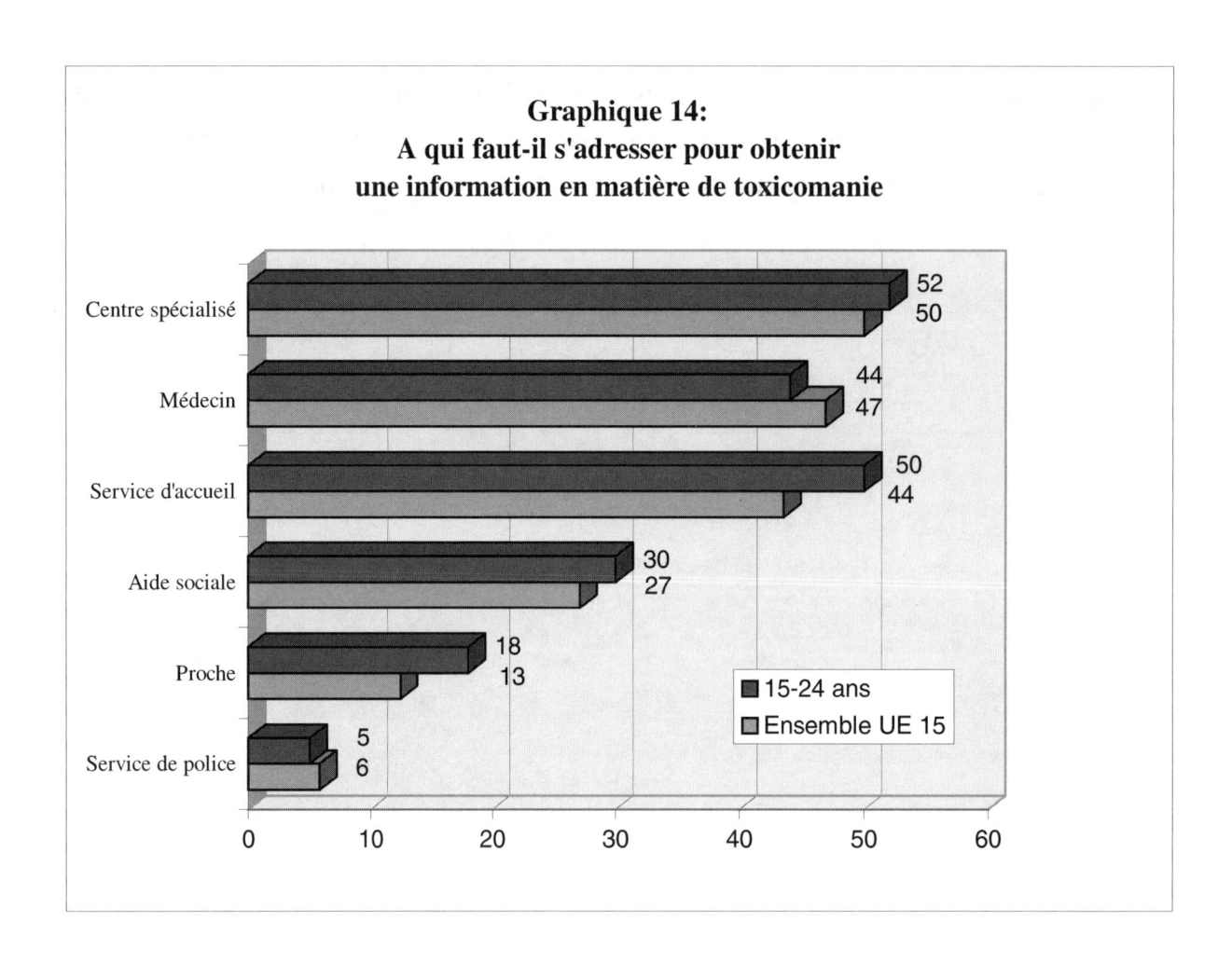

	15-24 ans	Ensemble UE 15
Centre spécialisé	52	50
Médecin	44	47
Service d'accueil	50	44
Aide sociale	30	27
Proche	18	13
Service de police	5	6

6.1. L'ÉCHANTILLON STANDARD.

Comme le montre clairement le graphique 14, quand on leur demande à qui il faut s'adresser pour obtenir une information en matière de toxicomanie, les Européens choisissent prioritairement des personnes ou des services spécialisés non répressifs. En première place en effet viennent les centres de traitement spécialisés (50 %), ensuite le médecin (47 %) et en troisième lieu, les services d'accueil téléphoniques "drogues" (44 %). Les services de police occupent la dernière place avec 6 % seulement des réponses.

Tableau 27: A qui faut-il s'adresser pour obtenir une information

Pays	Proche	Médecin	Service d'accueil	Centre spécialisé	Service de police	Aide sociale
B	9	52	50	50	4	24
DK	11	48	48	50	3	27
WD	18	44	44	49	8	26
D	18	47	45	49	8	26
OD	17	57	49	48	5	30
GR	16	48	29	55	9	38
E	9	44	34	62	2	31
F	13	61	45	47	3	21
IRL	10	39	54	36	8	26
I	10	43	32	57	3	39
L	12	34	54	56	13	20
NL	7	41	34	55	5	21
P	14	53	33	54	4	20
UK	12	43	65	35	8	22
A	14	60	38	42	4	22
SF	6	28	46	55	10	19
S	6	32	28	77	22	32
UE15	13	47	44	50	6	27

Note: NSP compris

Globalement, on retrouve les trois mêmes institutions aux trois premières places (mais parfois dans un ordre différent) dans les différents pays de l'Union européenne, à l'exception de la Grèce, de l'Italie et de la Suède, où les services sociaux arrivent en deuxième position, en lieu et place des services d'accueil téléphoniques "drogues". A l'inverse, à l'exception du Luxembourg, de la Finlande et de la Suède, où ils occupent l'avant-dernière place, les services de police arrivent partout ailleurs en dernière position.

Les jeunes sont plus nombreux que les personnes âgées à privilégier les amis, les services d'accueil téléphoniques, les services de traitement spécialisés et les services sociaux. A l'inverse, ils sont moins nombreux à choisir les services de police et le médecin. On observe la même tendance en ce qui concerne le niveau d'instruction, ce qui n'est guère étonnant dans la mesure où ces deux variables sont corrélées.

6.2. L'ÉCHANTILLON JEUNES.

Tableau 28: A qui s'adresser pour information drogue (jeunes: EB43,0+43,1)

Pays	Proche	Médecin	Service d'accueil	Centre spécialisé	Service de police	Aide sociale
B	18	44	55	54	5	30
DK	18	41	60	58	5	25
WD	22	44	46	47	8	30
D	22	44	47	48	7	29
OD	21	46	52	52	2	30
GR	29	41	36	61	7	36
E	15	34	40	65	1	35
F	18	59	55	53	3	25
IRL	16	28	58	37	7	25
I	10	44	41	57	2	39
L	20	37	55	54	12	21
NL	14	37	39	53	6	30
P	26	51	38	56	3	21
UK	22	37	73	35	8	26
A	28	52	50	48	3	23
SF	10	28	54	58	12	23
S	8	36	36	76	28	29
UE15	18	44	50	52	5	30

Note: NSP compris

Comme pour l'ensemble de l'échantillon, ce sont les centres de traitement spécialisés qui sont d'abord cités par les jeunes de 15 à 24 ans: 52 % des jeunes (contre 50 % pour l'ensemble des répondants) choisissent cette solution. Viennent ensuite les services d'accueil téléphonique "drogue" (50 %; parmi l'ensemble des répondants, cet item n'arrivait qu'en troisième place avec 44 % de citations) et les médecins (44 %). Comme au niveau de l'ensemble des répondants, la police arrive en dernière position (5 % contre 6 % au niveau de l'ensemble de l'échantillon).

Au Royaume-Uni (73 %), au Danemark (60 %), en Irlande (58 %), en Belgique, France et Luxembourg (55 %) et en Autriche (50 %), les services d'accueil téléphonique sont plus cités par les jeunes que les centres spécialisés.

A l'exception de la Suède et de la Finlande, la police arrive en dernère position dans tous les pays. Dans les deux premiers pays cités, elle arrive en avant-dernière place, avec 28 % et 12 % respectivement devant les proches (8 % et 10 % respectivement).

Les jeunes Espagnols (1 %), Italiens (2 %), Portugais (3 %), Français (3 %) et Autrichiens sont nettement moins nombreux que la moyenne européenne à faire confiance à la police en matière d'aide et de conseils.

7. OPINIONS CONCERNANT L'ANALYSE D'URINE.

Dans la lutte contre la toxicomanie et ses conséquences, l'analyse des urines est un moyen de plus en plus utilisé, de manière ouverte ou cachée.[18] Dans quelle mesure les Européens sont-ils d'accord pour l'application de ce test dans diverses circonstances, à d'autres puis à eux-mêmes ? Quelle est l'évolution en ce domaine? C'est ce que montrent le graphique 15 et le tableau 29.

<u>Question 59</u>: Comme vous le savez peut-être, l'analyse des urines permet de déceler la présence et donc la consommation de drogues. Seriez-vous - cela étant - plutôt d'accord ou plutôt pas d'accord pour que...?
   a) La police puisse imposer ce test chaque fois qu'il y a doute
   b) Un employeur puisse imposer ce test à ses employés à l'embauche
   c) Un employeur puisse imposer ce test sur le lieu du travail quand il y a doute
   d) Une compagnie d'assurances puisse imposer ce test pour l'obtention d'un contrat d'assurance-vie
   e) L'on vous demande éventuellement de subir ce test

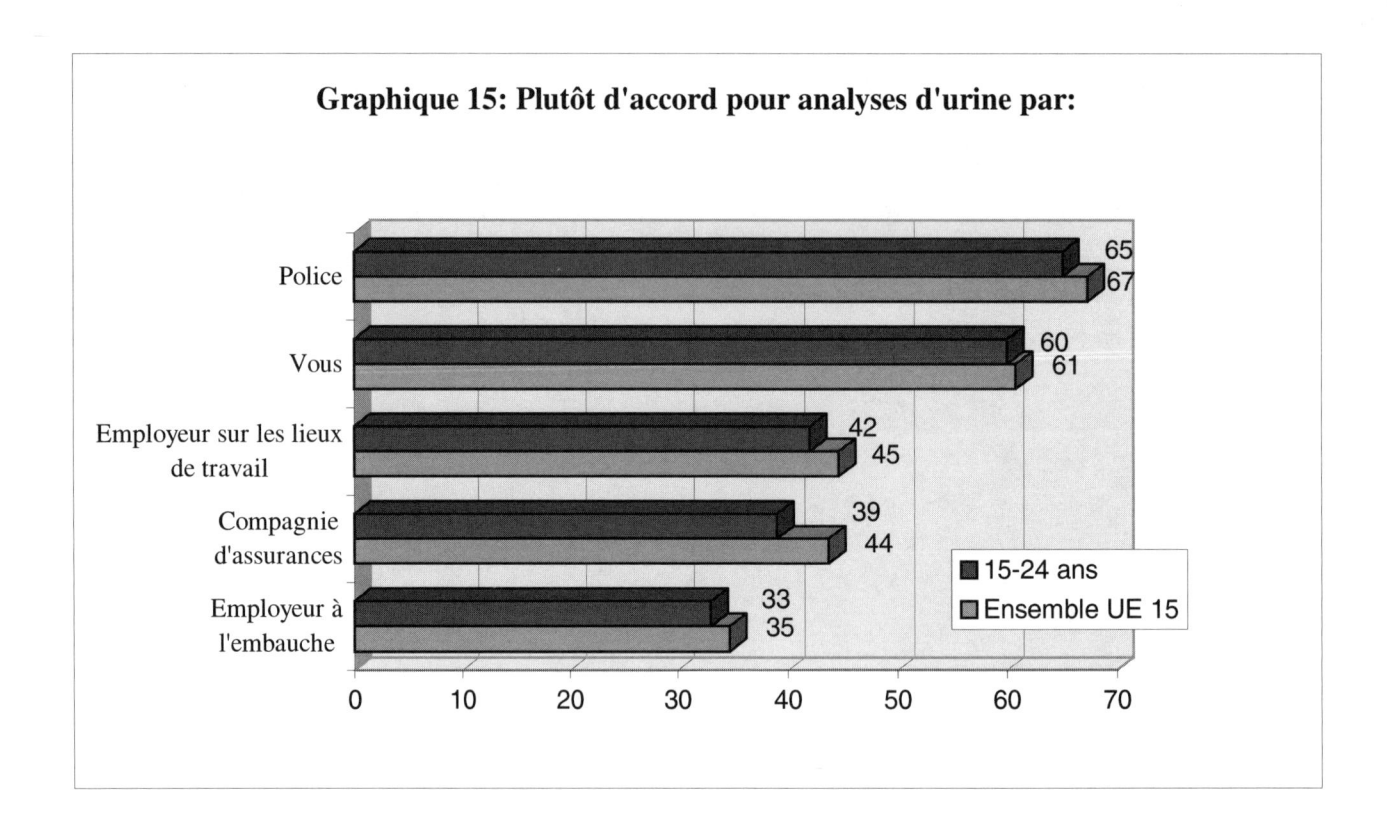

Graphique 15: Plutôt d'accord pour analyses d'urine par:

	15-24 ans	Ensemble UE 15
Police	65	67
Vous	60	61
Employeur sur les lieux de travail	42	45
Compagnie d'assurances	39	44
Employeur à l'embauche	33	35

---

[18] En Belgique, par exemple, la Gendarmerie a récemment commencé à effectuer des tests systématiques auprès des conducteurs, à l'instar des tests d'alcoolémie. D'autre part, lors de tests d'embauche ou sur les lieux de travail, certaines entreprises effectuent, parfois à l'insu des intéressés, des tests d'urine destinés à détecter la présence de produits illicites. Voir, par exemple, Trarieux (1990)

7.1. L'ÉCHANTILLON STANDARD.

Ainsi qu'on le voit, deux tiers des Européens (67 %) sont prêts à accorder à la police le droit d'appliquer ce test chaque fois qu'il y a doute. 61 % accepteraient éventuellement de subir ce test. Les autres circonstances suscitent, par contre, plus de controverses. La moins acceptée est, sans nul doute, le fait qu'un employeur puisse imposer ce test à ses employés à l'embauche: 35 % seulement des répondants seraient plutôt d'accord avec cette mesure. En ce qui concerne les deux autres mesures (tests sur les lieux de travail et tests par compagnies d'assurance), les opinions sont presqu'également partagées (quoique le non l'emporte de peu: 45% et 44% de plutôt d'accord respectivement).

Par rapport à 1989, première année où cette question fut posée, on n'observe aucune évolution sensible au niveau du classement (tableau 29). La seule évolution notable est la légère baisse (- 5 points) du taux d'acceptation d'un test appliqué à sa propre personne.

En 1995, dans tous les pays sauf trois (France, Pays-Bas et Autriche), les tests imposés par la police arrivent en première position. Dans les trois autres pays cités, ce sont les tests personnels.

Dans tous les pays, une majorité de répondants serait plutôt d'accord que la police puisse imposer ce genre de tests quand il ya doute et d'accepter de subir ce test si on le leur demandait.

Par contre, en ce qui concerne les autres mesures, on observe des écarts très importants entre pays.

Ainsi, alors qu'un tiers seulement des Européens dans leur ensemble était plutôt d'accord avec le fait qu'un employeur puisse imposer ce test à ses employés à l'embauche, au Portugal, en Finlande et en Suède, une majorité de répondants sont de cet avis (58 %, 54 % et 54 % respectivement).

En Suède (69 %), au Portugal (64 %), en Finlande, au Royaume-Uni (55 %) et en Irlande (52 %), plus d'un répondant sur deux est d'accord pour que l'employeur puisse imposer ce test sur les lieux de travail quand il y a doute.

Tableau 29: Plutôt d'accord pour analyses d'urine (% par pays, 1989-1995)

Pays	Année	Police	Employeur à l'embauche	Employeur sur lieu de travail	Compagnie d'assurances	Vous
B	1989/2	68	33	46	51	66
	1990/2	72	41	53	59	68
	1995/1	70	32	40	46	64
DK	1989/2	65	13	23	47	53
	1990/2	74	20	33	59	68
	1995/1	65	19	33	44	53
WD	1989/2	55	21	28	37	61
	1990/2	61	26	39	42	59
	1995/1	62	27	36	32	54
D	1989/2	-	-	-	-	-
	1990/2	63	27	42	40	60
	1995/1	62	25	35	31	56
OD	1989/2	-	-	-	-	-
	1990/2	70	34	53	30	66
	1995/1	61	18	32	29	62
GR	1989/2	69	45	53	62	67
	1990/2	79	55	66	70	75
	1995/1	62	35	43	46	54
E	1989/2	65	44	50	47	63
	1990/2	65	50	57	53	69
	1995/1	64	42	50	46	57
F	1989/2	58	22	34	31	62
	1990/2	64	26	41	35	62
	1995/1	53	18	34	28	59
IRL	1989/2	70	33	41	47	46
	1990/2	80	41	55	57	56
	1995/1	73	42	52	58	55
I	1989/2	72	47	51	50	69
	1990/2	75	57	61	56	73
	1995/1	79	44	50	50	62
L	1989/2	63	32	46	55	73
	1990/2	72	40	50	61	64
	1995/1	65	40	45	53	60
NL	1989/2	60	30	31	34	54
	1990/2	66	38	37	42	60
	1995/1	65	36	43	46	65
P	1989/2	76	62	63	66	70
	1990/2	84	69	73	64	82
	1995/1	75	58	64	59	69
UK	1989/2	77	37	45	65	73
	1990/2	79	48	54	71	76
	1995/1	76	44	55	64	65
UE12	1989/2	65	34	41	46	65
	1990/2	70	41	51	51	67
	1995/1	67	34	44	44	60
A	1995/1	59	28	41	46	63
SF	1995/1	85	54	63	50	83
S	1995/1	85	54	69	43	83
UE15	1995/1	67	35	45	44	61

Note: NSP compris

On trouve également des majorités de répondants au Royaume-Uni (64 %), au Portugal (59 %), en Irlande (58 %) et au Luxembourg (53 %) pour estimer qu'une compagnie d'assurances puisse imposer ce test pour l'obtention d'un contrat d'assurance-vie.

A l'inverse, à l'exception des tests personnels et, dans une moindre mesure des tests sur les lieux de travail (deuxième position parmi les 15 pays de l'UE), les Français sont ceux qui se montrent les plus réticents à l'idée de tout test d'urine.

Les personnes de plus de 55 ans sont les plus nombreuses à être plutôt d'accord avec des tests d'urine, à l'exception des tests qu'elles devraient subir elles-mêmes.

Plus on est instruit, moins on est d'accord avec des tests d'urine, quels qu'ils soient. Enfin, on observe la même tendance en ce qui concerne ceux qui n'ont aucune appartenance religieuse.

7.2. L'ÉCHANTILLON JEUNES.

Tableau 30: Plutôt d'accord pour analyses d'urine (% par pays, 1995, échantillon jeunes)

Pays	Police	Employeur à l'embauche	Employeur sur lieu de travail	Compagnie d'assurances	Vous
B	63	33	40	35	64
DK	69	20	37	44	55
WD	54	22	29	31	50
D	55	21	29	29	51
OD	58	18	32	23	56
GR	62	30	39	40	53
E	58	32	44	38	56
F	54	22	35	22	61
IRL	66	42	48	58	57
I	82	47	53	46	65
L	60	32	38	47	61
NL	70	35	42	43	62
P	75	54	60	57	76
UK	70	41	49	57	62
A	60	26	42	39	62
SF	84	48	54	43	82
S	83	53	67	39	86
UE15	65	33	42	39	60

Note: NSP compris

Ici encore, on retrouve exactement le même classement chez les jeunes de 15 à 24 ans que parmi l'ensemble des répondants. Les tests d'urine qui rencontrent le plus fort pourcentage d'approbation sont, dans les deux cas, ceux effectués par la police (65 % contre 67 % respectivement).

60 % des jeunes seraient plutôt d'accord pour qu'on leur demande de subir un test d'urine (contre 61 % parmi l'ensemble des répondants). A l'opposé, seulement un tiers (33 %) des jeunes de 15 à 24 ans est d'accord qu'un employeur puisse imposer ce test à l'embauche.

Dans six pays de l'Union Européenne, les jeunes marquent d'abord leur accord pour des tests effectués sur eux-mêmes. Il s'agit de la Suède (86 %), du Portugal (76 %), de la Belgique (64 %), de l'Autriche (62 %), de la France (61 %) et du Luxembourg (62 %).

Comme pour l'ensemble de l'échantillon, si, dans tous les pays, on trouve une majorité de jeunes à être plutôt d'accord avec des test d'urine effectués par la police, par contre, en ce qui concerne les autres mesures, le consensus est moins grand.

Ainsi, alors qu'un tiers seulement des jeunes Européens marque son accord pour des test à l'embauche, une majorité de jeunes Portugais et de jeunes Suédois (54 % et 53 % respectivement) y sont favorables. A l'inverse, seulement 20 % des jeunes Danois et 21 % des jeunes Allemands (dont 18 % des jeunes Allemands de l'Est) seraient d'accord avec de tels tests.

D'une manière générale, ce sont les jeunes Allemands qui se montrent les plus réticents à l'ensemble des tests d'urine et les jeunes Suédois les plus favorables (à l'exception des tests d'urine imposés par les compagnies d'assurances où ce sont les jeunes Portugais et Britanniques qui sont les plus nombreux à marquer leur accord avec de tels tests).

En ce qui concerne les variations en fonction des variables socio-démographiques, on constate les mêmes tendances qu'au niveau de l'ensemble de l'échantillon. On n'y reviendra donc pas.

8. AUTRES THÈMES LIÉS À LA DROGUE ABORDÉS DANS LES EUROBAROMÈTRES.

Dans cette dernière section, on mentionnera les autres thèmes liés à la drogue qui, au fil du temps, ont été abordés dans les Eurobaromètres et les rapports où on peut trouver les résultats détaillés. On peut regrouper les questions en trois grands groupes: la connaissance de toxicomanes (cinq questions), la connaissance de traitements de substitution (une question) et la drogue sur les lieux de travail (quatre questions).

8.1. CONNAISSANCE DE TOXICOMANES.

En automne 1989 (EB 32.A) et 1990 (EB 34.1), on a demandé aux Européens s'ils connaissaient ou avaient connu personnellement des toxicomanes.[19]

En 1989, 23 % des répondants déclaraient connaître personnellement des toxicomanes; en 1990, ils étaient 24 %. On notait d'importantes différences selon les pays. C'est ainsi qu'en 1990, les pourcentages variaient entre un minimum de 14% au Royaume-Uni et un maximum de 38 % en Espagne. D'une manière générale, on trouvait plus de personnes qui connaissaient des toxicomanes dans les pays du Sud de l'Europe.

A ceux qui avaient répondu oui à cette question, on a alors demandé de qui il s'agissait: de personnes dans leur famille ou parmi leurs amis, parmi leurs collègues ou relations de travail, ou d'autres personnes qu'ils connaissaient personnellement. Les résultats étaient les suivants au niveau de l'ensemble de la Communauté:

	1989	1990
Membres de la famille ou amis	29 %	32 %
Collègues ou relations de travail	13 %	12 %
Autres personnes	63 %	64 %

En automne 1990 uniquement (EB 34.1), on a également demandé à ceux qui pensaient qu'obtenir de la drogue était assez ou très facile (cf: section 4.2.2)

---

[19] En 1989, la question était: "Connaissez-vous personnellement des toxicomanes ? Oui/non ?" En 1990, la question était formulée différemment: "Plus généralement, et en tenant compte de tous les produits appelés drogues, connaissez-vous personnellement des toxicomanes ? Oui/non ?" Voir INRA (1990 et 1991).

combien parmi leurs amis, connaissances ou collègues consommaient régulièrement ou occasionnellement un certain nombre de drogues. Au niveau de l'ensemble de la Communauté européenne, on avait les résultats suivants, par ordre d'importance décroissant:

- Cannabis/marijuana: 20 %

- Tranquilisants: 20 %

- Stimulants (ex: amphétamines): 10 %

- Cocaïne ou crack: 7 %

- Morphine ou héroïne: 6 %

- Des produits à "sniffer" (comme colle, éther, solvants): 5 %

- LSD: 4 %.

INRA (1991:12-14, 31-35)

8.2. CONNAISSANCE DES TRAITEMENTS DE SUBSTITUTION.

De l'Eurobaromètre 32.A de l'automne 1989, il ressortait que 59 % des Européens avaient déjà entendu parler des traitements de substitution pour les drogués tels que la méthadone.[20] Ce pourcentage variait toutefois très largement selon les pays: il était en effet de 95 % au Danemark (maximum) et de 17 % au Portugal (17 %). On notera que, tout comme pour la notoriété des différentes drogues, ce sont encore une fois les Portugais qui semblent les moins bien informés.

Les catégories sociales les mieux informées, au niveau de l'ensemble de l'Europe des Douze étaient:

- ceux qui connaissaient des toxicomanes (74 %),

- les mieux instruits (77 % parmi ceux qui avaient terminé leurs études après 20 ans et 66 % parmi ceux qui étaient encore aux études),

- les personnes de 25 à 44 ans (65 %).

---

[20] Pour plus de détails, voir INRA (1990: 82-83)

8.3. LA DROGUE SUR LES LIEUX DE TRAVAIL.

Le dernier thème abordé dans les Eurobaromètres traite du problème de la drogue (et de l'alcoolisme) sur les lieux de travail. Deux questions à ce sujet ont été posées à deux reprises, la première fois en automne 1989 (EB 32.A), la deuxième en automne 1990 (EB 34.1).

On avait commencé par poser la question suivante:

Question: La drogue vous paraît-elle un problème important sur le lieu de travail, oui ou non? Et l'alcoolisme, oui ou non ?

En 1989, 71 % des Européens estimaient qu'il s'agissait en effet d'un problème important.[21] On observait d'importantes variations nationales. Ainsi, il semble que c'était surtout dans les pays du Sud de l'Europe que la drogue sur les lieux de travail était considérée comme un problème important. Les pourcentages étaient en effet de:

- 93 % en Italie;

- 92 % en Grèce;

- 89 % en Espagne;

- et 81 % au Portugal.

A l'inverse, c'était au Danemark qu'on trouvait le pourcentage le moins élevé (13 %).

---

[21] C'était un pourcentage sensiblement moins élevé que pour l'alcool: 83 % des Européens pensaient en effet que l'alcool sur les lieux de travail était un problème important.

On avait ensuite posé aux répondants la question suivante:

<u>Question</u>: Qui, à votre avis, doit être responsable de leur prise en charge lorsque ces problèmes surviennent sur le lieu de travail ? (PLUSIEURS REPONSES POSSIBLES)

	1989
Les services médicaux	54 %
La famille des intéressés	48 %
Les employeurs	38 %
Les autorités publiques	29 %
Les collègues	22 %
Les syndicats	10 %
Personne	3 %

Comme le montre le tableau, c'étaient les services médicaux et la famille des intéressés qui étaient les plus souvent cités au niveau européen; ce qui était également le cas pour l'alcool. Dans les deux cas, les syndicats venaient en dernier lieu.

9. RÉFÉRENCES BIBLIOGRAPHIQUES.

DUBOIS, P., P. MANIGART, M. DELEU, G. VERDOODT et R. VAN HOOF (1995), "Les assuétudes des conscrits. 1ère partie: méthodes et population étudiée; usage de médicaments et de drogues illicites", à paraître dans *Ann. Med. Mil. Belg.* 9 (2).

ELIANY, M., N. GIESBRECHT, M. NELSON, B. WELLMAN et S. WORTLEY (1992), *L'usage de l'alcool et des autres drogues par les Canadiens: rapport technique de l'enquête nationale sur l'alcool et les autres drogues (1989)*. Santé et Bien-être social: Ministère des Approvisionnements et services du Canada.

INRA (1990), *Les Européens et la santé*. Bruxelles: INRA.

INRA (1991), *Les Européens et la santé: rapport de synthèse*. Bruxelles: INRA.

INRA (1991), *Europeans and Health: AIDS and Drugs. A Secondary Analysis of Two Public Opinion Surveys*. Bruxelles: INRA

Institut d'Hygiène et d'Epidémiologie (1992), *Eurobaromètre 37. Semaine européenne de prévention de la toxicomanie. Rapport préliminaire d'analyse*. Bruxelles: CCE.

JOHNSTON, L.D., P. O'MALLEY and J.G. BACHMAN (1993), *National Survey Results on Drug Use from Monitoring the Future Study, 1975-1992, Vol. 1 et 2*. NIH Publication n° 93-3597. Rockville, Md: National Institute on Drug Abuse.

National Institute on Drug Abuse (1990), *National Household Survey on Drugs Abuse: Main Findings 1990*. DHHS Publication n° (ADM) 90-1682. Washington, D.C. Government Printing Office.

RIGAUX, N. (1994), *La perception de la pauvreté et de l'exclusion sociale en Europe*. Bruxelles: CCE.

TRARIEUX, R. (1990), "Détermination de l'aptitude professionnelle face à la toxicomanie", pp. 341-350 dans Manigart, P. et Jeunehomme, J. (eds), *Proceedings of the International Conference on Job Satisfaction and Deviant Behavior in Civilian and Military Settings: Experiences from NATO Countries*. Bruxelles: Centre d'Etudes de Défense.

ANNEXES

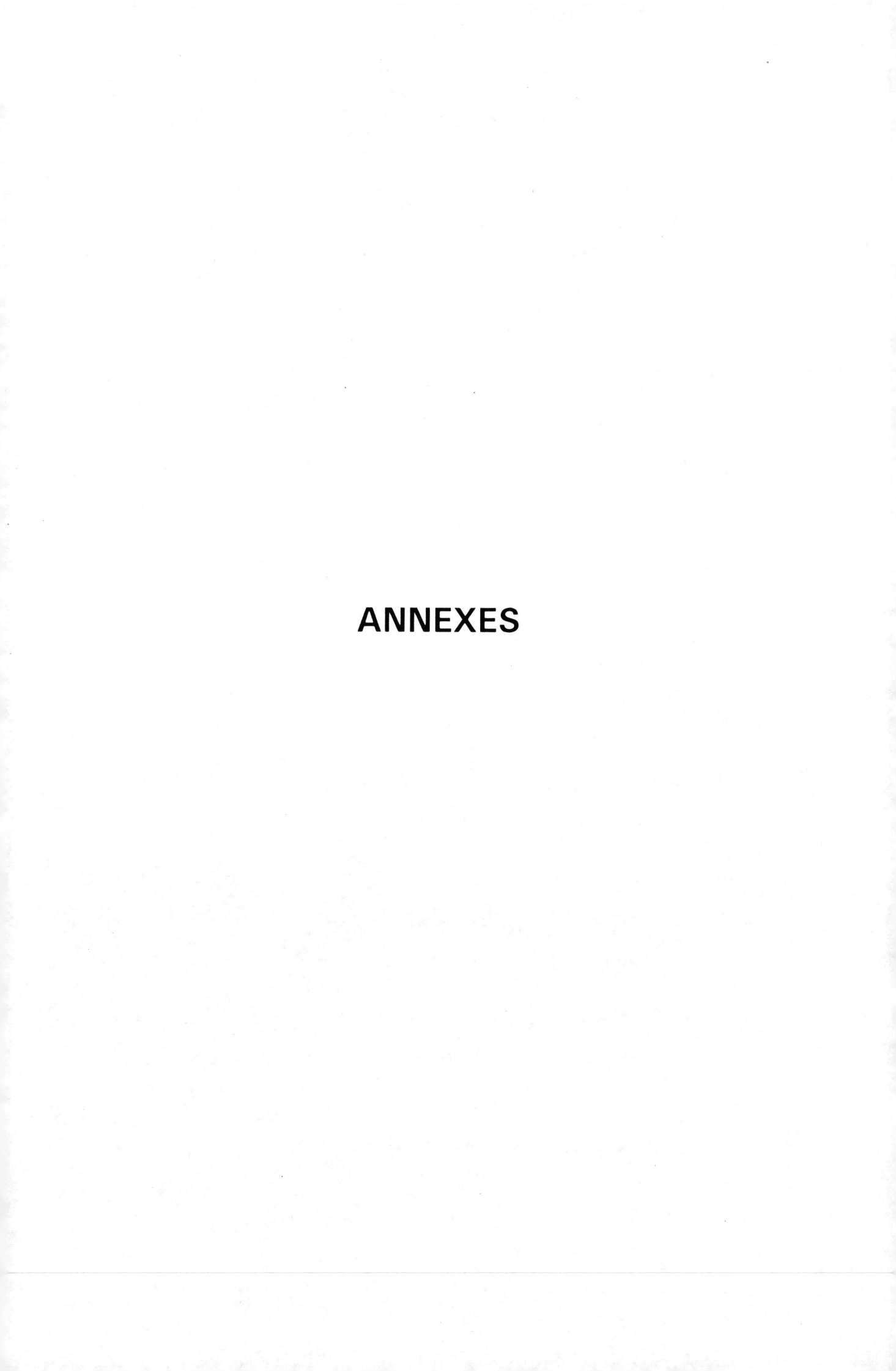

EUROBAROMETRE STANDARD 43.0
SPÉCIFICATIONS TECHNIQUES

Entre mars 22 et avril 21 1995, INRA (EUROPE), un réseau européen d'agences d'études de marché et d'opinion publique, a réalisé la vague 43.0 de l'EUROBAROMETRE STANDARD à la demande de la COMMISSION EUROPEENNE.

L'EUROBAROMETRE 43.0 couvre la population - avec la nationalité d'un des pays membres de l'Union Européenne -, de 15 ans et plus, résident dans chaque Etat membre de l'Union Européenne. Le principe d'échantillonnage appliqué dans tous les Etats membres est une sélection aléatoire (probabiliste) à multiples phases. Dans chaque pays EU, divers points de chute ont été tirés avec une probabilité proportionnelle à la taille de la population (afin de couvrir la totalité du pays) et à la densité de la population.

Pour ce, ces points de chute ont été tirés systématiquement dans chacune des "unités régionales administratives", après avoir été stratifiés par unité individuelle et par type de région. Ils représentent ainsi l'ensemble du territoire des Etats membres, selon les EUROSTAT-NUTS II et selon la distribution de la population résidente nationale en termes de régions métropolitaines, urbaines et rurales. Dans chacun des points de chute sélectionnés, une adresse de départ a été sélectionnée aléatoirement. D'autres adresses ont ensuite été sélectionnées, comme chaque adresse N, par des procédures de "random route" à partir de l'adresse initiale. Dans chaque ménage, le répondant a été tiré aléatoirement. Toutes les interviews ont été réalisées en face à face chez les répondants et dans la langue nationale appropriée.

PAYS	INSTITUTS	N° INTERVIEWS	DATES DE TERRAIN	POPULATION15 + (x000)
Austria	SPECTRA	1075	27/03 - 12/04	6 044
Belgique	MARKETING UNIT	1028	27/03 - 12/04	8 356
Danmark	GFK DANMARK	1000	25/03 - 12/04	4 087
Allemagne(Est)	SAMPLE INSTITUT	1069	26/03 - 11/04	13 608
Allemagne(Ouest)	SAMPLE INSTITUT	1038	27/03 - 12/04	52 083
Gréce	KEME	1006	27/03 - 09/04	7 474
Espagne	CIMEI	1000	27/03 - 12/04	28 075
France	TMO Consultants	1002	27/03 - 10/04	43 590
Irlande	LANSDOWNE Market Research	1013	23/03 - 20/04	2 549
Italie	PRAGMA	1046	27/03 - 12/04	44 495
Luxembourg	ILRES	501	22/03 - 21/04	372
Les Pays Bas	NIPO	1005	24/03 - 13/04	11 232
Portugal	NORMA	999	22/03 - 09/04	7 338
Grande Bretagne	NOP Corporate and Financial	1100	25/03 - 13/04	44 225
Ireland du Nord	ULSTER MARKETING SURVEYS	302	23/03 - 20/04	1 159
Sweden	TEMO	1034	25/03 - 17/04	7 808
Finland	MARK. DEVELOPMENT CENTER	1020	27/03 - 12/04	4 017

Dans chaque pays, l'échantillon a été comparé à l'univers. La description de l'univers se base sur les données de population EUROSTAT. Pour tous les Etats membres EU, une procédure de pondération nationale a été réalisée (utilisant des pondérations marginales et croisées), sur base de cette description de l'univers. Dans tous les pays, au moins le sexe, l'âge, les régions NUTS II et la taille de l'agglomération ont été introduits dans la procédure d'itération. Pour la pondération internationale (i.e. les moyennes EU), INRA (EUROPE) recourt aux chiffres officiels de population, publiés par EUROSTAT dans l'Annuaire 1989 des Statistiques Régionales. Les chiffres complets de la population, introduits dans cette procédure de post-pondération, sont indiqués ci-dessus.

Les résultats des études EUROBAROMETRE sont analysés et sont présentés sous forme de tableaux, de fichiers de données et d'analyses. Pour chaque question, un tableau de résultats est fourni, accompagné de la question complète (en anglais et en français) en tête de page; ces résultats sont exprimés 1) en pourcentage calculé sur la base totale et 2) en pourcentage calculé sur le nombre de réponses "valables" (i.e. "Ne sait pas" et "Sans réponses" exclus). Tous les fichiers de données de l'EUROBAROMETRE sont déposés au Zentralarchiv (Universität Köln, Bachemer Strasse 40, D-5000 Köln 41). Ils sont à la disposition de tous les instituts membres du "European Consortium for Political Research" (Essex), du "Inter-University Consortium for Political and Social Research" (Michigan) et de toute personne intéressée par la recherche en sciences sociales. Les résultats des enquêtes EUROBAROMETRE sont analysés par l'unité Sondages et Recherches (EUROBAROMETRE) de la DG X de la Commission Européenne, Rue de la Loi 200, B-1049 Bruxelles ; ils peuvent être obtenus à cette adresse.

Il importe de rappeler aux lecteurs que les résultats d'un sondage sont des <u>estimations</u> dont l'exactitude, toutes choses égales par ailleurs, dépend de la taille de l'échantillon et du pourcentage observé. Pour des échantillons d'environ 1.000 interviews, le pourcentage réel oscille dans les intervalles de confiance suivants :

Pourcentage observé	10% or 90%	20% or 80%	30% or 70%	40% or 60%	50%
Intervalle de confiance	± 1.9%	± 2.5%	± 2.7%	± 3.0%	± 3.1%

EUROBAROMETRE STANDARD 43.0
INSTITUTS ET RESPONSABLES DE RECHERCHE

INRA (EUROPE) - European Coordination Office SA/NV
Dominique VANCRAEYNEST
Avenue R. Vandendriessche, 18
B -1150 BRUSSELS - BELGIUM
Tel. + +/32/2/775 01 11 - Fax. + +/32/2/772 40 79

AUSTRIA	SPECTRA Brucknerstrasse, 3-5/4 DK-4020 LINZ-AUSTRIA	Ms Jitka NEUMANN	tel. + +/43/732/60.35.30 fax. + +/43/732/60.35.304
BELGIQUE	MARKETING UNIT 430, Avenue Louise B-1050 BRUXELLES	Ms Pascale BERNARD	tel. + +/32 2 648 80 10 fax. + +/32 2 648 34 08
DANMARK	GFK DANMARK Toldbodgade, 10B DK-1253 COPENHAGEN K.	Mr Erik CHRISTIANSEN	tel. + +/45 33 93 17 40 fax. + +/45 33 13 07 40
DEUTSCHLAND	SAMPLE INSTITUT Papenkamp, 2-6 D-23879 MÖLLN	Ms Doris SIEBER	tel. + +/49 4542 801 0 fax. + +/49 4542 801 201
ELLAS	KEME Ippodamou Street, 24 GR-11635 ATHENA	Ms Fotini PANOUTSOU	tel. + +/30 1 701 80 82 fax. + +/30 1 701 78 37
ITALIA	PRAGMA Via Salaria, 298a I-00199 ROMA	Ms Maria-Adelaïde SANTILLI	tel. + +/39 6 884 80 57 fax. + +/39 6 854 00 38
ESPAÑA	CIMEI Alberto Aguilera, 7-5° E-28015 MADRID	Ms Carmen MOZO	tel. + +/34 2 594 47 93 fax. + +/34 2 594 52 23
FRANCE	TMO Consultants 22, rue du 4 Septembre F-75002 PARIS	Ms Isabelle CREBASSA	tel. + +/33 1 44 94 40 00 fax. + +/33 1 44 94 40 01
IRELAND	LANSDOWNE Market Research 12,Hatch Street IRL-DUBLIN 2	Mr Roger JUPP	tel. + +/353 1 661 34 83 fax. + +/353 1 661 34 79
LUXEMBOURG	ILRES 6, rue du Marché aux Herbes GD-1728 LUXEMBOURG	Mr Charles MARGUE	tel. + +/352 47 50 21 fax. + +/352 46 26 20
NEDERLAND	NIPO "Westerdokhuis" Barentszplein, 7 NL-1013 NJ AMSTERDAM	Mr Martin JONKER	tel. + +/31 20 551 66 01 fax. + +/31 20 638 63 74
PORTUGAL	NORMA Av. Infante Santo 70-I s/1 P-1300 LISBOA	Ms Mafalda BRASIL	tel. + +/351 1 601 09 12 fax. + +/351 1 396 15 48
GREAT BRITAIN	NOP Corporate and Financial 1 & 2 Berners street London W1P 3AG UK	Mr Chris KAY	tel. + +/44 71 612 01 81 fax. + +/44 71 612 02 22
SWEDEN	TEMO AB Gärdsfogdevägen, 5-7 17126 SOLNA-SWEDEN	Mr Michael SÖDERSTRÖM	tel. + +/46 8 764 64 90 fax. + +/46 8 28 64 28
FINLAND	MARKETING DEVELOPMENT CENTER Ltd Itätuulenkuja 10 02100 ESPOO-FINLAND	Mr Juhani PEHKONEN	tel. + +/358 0 613 500 fax. + +/358 0 6135 0510

EUROBAROMETER 43.0
TECHNICAL SPECIFICATIONS

Between March, 22nd and April, 21st 1995, INRA (EUROPE), a European Network of Market- and Public Opinion Research agencies, carried out wave 43.0 of the STANDARD EUROBAROMETER, on request of the EUROPEAN COMMISSION.

The EUROBAROMETER 43.0 covers the population of the respective nationality of the European Union membercountries, aged 15 years and over, resident in each of the Member States. The basic sample design applied in all Member States is a multi-stage, random (probability) one. In each EU country, a number of sampling points was drawn with probability proportional to population size (for a total coverage of the country) and to population density.

For doing so, the points were drawn systematically from all "administrative regional units", after stratification by individual unit and type of area. They thus represent the whole territory of the Member States according to the EUROSTAT-NUTS II (or equivalent) and according to the distribution of the resident population of the respective EU-nationalities in terms of metropolitan, urban and rural areas. In each of the selected sampling points, a starting address was drawn, at random. Further addresses were selected as every Nth address by standard random route procedures, from the initial address. In each household, the respondent was drawn, at random. All interviews were face-to-face in people's home and in the appropriate national language.

COUNTRIES	INSTITUTES	N° INTERVIEWS	FIELDWORKDATES	POPULATION 15+ (x 000)
Belgium	MARKETING UNIT	1028	27/03 - 12/04	8 356
Denmark	GFK DANMARK	1000	25/03 - 12/04	4 087
Germany(East)	SAMPLE INSTITUT	1069	26/03 - 11/04	13 608
Germany(West)	SAMPLE INSTITUT	1038	27/03 - 12/04	52 083
Greece	KEME	1006	27/03 - 09/04	7 474
Spain	CIMEI	1000	27/03 - 12/04	28 075
France	TMO Consultants	1002	27/03 - 10/04	43 590
Ireland	LANSDOWNE Market Research	1013	23/03 - 20/04	2 549
Italy	PRAGMA	1046	27/03 - 12/04	44 495
Luxemburg	ILRES	501	22/03 - 21/04	372
The Netherlands	NIPO	1005	24/03 - 13/04	11 232
Portugal	NORMA	999	22/03 - 09/04	7 338
Great Britain	NOP Corporate and Financial	1100	25/03 - 13/04	44 225
Northern Ireland	ULSTER MARKETING SURVEYS	302	23/03 - 20/04	1 159
Austria	SPECTRA	1075	27/03 - 12/04	6 044
Sweden	TEMO	1034	25/03 - 17/04	7 808
Finland	MARK. DEVELOPMENT CENTER	1020	27/03 - 12/04	4 017

For each country a comparison between the sample and the universe was carried out. The Universe description was derived from EUROSTAT population data or from national statistics. For all EU member-countries a national weighting procedure, using marginal and intercellular weighting, was carried out based on this Universe description. As such in all countries, minimum sex, age, region NUTS II were introduced in the iteration procedure. For international weighting (i.e. EU averages), INRA (EUROPE) applies the official population figures as published by EUROSTAT in the Regional Statistics Yearbook of 1989 or national CENSUS data. The total population figures for input in this post-weighting procedure are listed above.

The results of the EUROBAROMETER studies are reported in the form of tables, datafiles and analyses. Per question a table of results is given with the full question text (English and French) on top; the results are expressed 1) as a percentage on total base and 2) as a percentage on the number of "valid" responses (i.e. "Don't Know" and "No Answer" excluded). All EUROBAROMETER datafiles are stored at the Zentral Archiv (Universität Köln, Bachemer Strasse, 40, D-5000 Köln 41). They are at the disposal of all institutes members of the European Consortium for Political Research (Essex), of the Inter-University Consortium for Political and Social Research (Michigan) and of all those interested in social science research. The results of the EUROBAROMETER surveys are analysed and made available through the Unit Survey Research (EUROBAROMETER) of DGX/B of the European Commission, Rue de la Loi 200, B-1049 Brussels.

Readers are reminded that survey results are <u>estimations</u>, the accuracy of which, everything being equal, rests upon the sample size and upon the observed percentage. With samples of about 1.000 interviews, the real percentages vary within the following confidence limits :

Observed percentages	10% or 90%	20% or 80%	30% or 70%	40% or 60%	50%
Confidence limits	± 1.9%	± 2.5%	± 2.7%	± 3.0%	± 3.1%

EUROBAROMETER 43.0
CO-OPERATING AGENCIES AND RESEARCH EXECUTIVES

INRA (EUROPE) - European Coordination Office SA/NV
Dominique VANCRAEYNEST
Avenue R. Vandendriessche, 18
B -1150 BRUSSELS - BELGIUM
Tel. + +/32/2/775 01 11 - Fax. + +/32/2/772 40 79

BELGIQUE	MARKETING UNIT 430, Avenue Louise B-1050 BRUXELLES	Ms Pascale BERNARD	tel. fax.	+ +/32 2 648 80 10 + +/32 2 648 34 08
DANMARK	GFK DANMARK Toldbodgade, 10B DK-1253 COPENHAGEN K.	Mr Erik CHRISTIANSEN	tel. fax.	+ +/45 33 93 17 40 + +/45 33 13 07 40
DEUTSCHLAND	SAMPLE INSTITUT Papenkamp, 2-6 D-23879 MÖLLN	Ms Doris SIEBER	tel. fax.	+ +/49 4542 801 0 + +/49 4542 801 201
ELLAS	KEME Ippodamou Street, 24 GR-11635 ATHENA	Ms Fotini PANOUTSOU	tel. fax.	+ +/30 1 701 80 82 + +/30 1 701 78 37
ITALIA	PRAGMA Via Salaria, 298a I-00199 ROMA	Ms Maria-Adelaïde SANTILLI	tel. fax.	+ +/39 6 884 80 57 + +/39 6 854 00 38
ESPAÑA	CIMEI Alberto Aguilera, 7-5° E-28015 MADRID	Ms Carmen MOZO	tel. fax.	+ +/34 2 594 47 93 + +/34 2 594 52 23
FRANCE	TMO Consultants 22, rue du 4 Septembre F-75002 PARIS	Ms Isabelle CREBASSA	tel. fax.	+ +/33 1 44 94 40 00 + +/33 1 44 94 40 01
IRELAND	LANSDOWNE Market Research 12,Hatch Street IRL-DUBLIN 2	Mr Roger JUPP	tel. fax.	+ +/353 1 661 34 83 + +/353 1 661 34 79
LUXEMBOURG	ILRES 6, rue du Marché aux Herbes GD-1728 LUXEMBOURG	Mr Charles MARGUE	tel. fax.	+ +/352 47 50 21 + +/352 46 26 20
NEDERLAND	NIPO "Westerdokhuis" Barentszplein, 7 NL-1013 NJ AMSTERDAM	Mr Martin JONKER	tel. fax.	+ +/31 20 551 66 01 + +/31 20 638 63 74
PORTUGAL	NORMA Av. Infante Santo 70-I s/1 P-1300 LISBOA	Ms Mafalda BRASIL	tel. fax.	+ +/351 1 601 09 12 + +/351 1 396 15 48
GREAT BRITAIN	NOP Corporate and Financial 1 & 2 Berners street London W1P 3AG UK	Mr Chris KAY	tel. fax.	+ +/44 71 612 01 81 + +/44 71 612 02 22
AUSTRIA	SPECTRA Brucknerstrasse, 3-5/4 DK-4020 LINZ-AUSTRIA	Ms Jitka NEUMANN	tel. fax.	+ +/43/732/60.35.30 + +/43/732/60.35.304
SWEDEN	TEMO AB Gärdsfogdevägen, 5-7 17126 SOLNA-SWEDEN	Mr Michael SÖDERSTRÖM	tel. fax.	+ +/46 8 764 64 90 + +/46 8 28 64 28
FINLAND	MARKETING DEVELOPMENT CENTER Ltd Itätuulenkuja 10 02100 ESPOO-FINLAND	Mr Juhani PEHKONEN	tel. fax.	+ +/358 0 613 500 + +/358 0 6135 0510

EUROBAROMETRE STANDARD 43.1
SPÉCIFICATIONS TECHNIQUES

Entre avril 7 et mai 18 1995, INRA (EUROPE), un réseau européen d'agences d'études de marché et d'opinion publique, a réalisé la vague 43.0 de l'EUROBAROMETRE STANDARD à la demande de la COMMISSION EUROPEENNE.

L'EUROBAROMETRE 43.1 couvre la population - avec la nationalité d'un des pays membres de l'Union Européenne -, de 15 ans et plus, résident dans chaque Etat membre de l'Union Européenne. Le principe d'échantillonnage appliqué dans tous les Etats membres est une sélection aléatoire (probabiliste) à multiples phases. Dans chaque pays EU, divers points de chute ont été tirés avec une probabilité proportionnelle à la taille de la population (afin de couvrir la totalité du pays) et à la densité de la population.

Pour ce, ces points de chute ont été tirés systématiquement dans chacune des "unités régionales administratives", après avoir été stratifiés par unité individuelle et par type de région. Ils représentent ainsi l'ensemble du territoire des Etats membres, selon les EUROSTAT-NUTS II et selon la distribution de la population résidente nationale en termes de régions métropolitaines, urbaines et rurales. Dans chacun des points de chute sélectionnés, une adresse de départ a été sélectionnée aléatoirement. D'autres adresses ont ensuite été sélectionnées, comme chaque adresse N, par des procédures de "random route" à partir de l'adresse initiale. Dans chaque ménage, le répondant a été tiré aléatoirement. Toutes les interviews ont été réalisées en face à face chez les répondants et dans la langue nationale appropriée.

PAYS	INSTITUTS	N° INTERVIEWS	DATES DE TERRAIN	POPULATION15 + (x000)
Austria	SPECTRA	1014	14/04 - 09/05	6 044
Belgique	MARKETING UNIT	1056	18/04 - 05/05	8 356
Danmark	GFK DANMARK	1000	17/04 - 08/05	4 087
Allemagne(Est)	SAMPLE INSTITUT	1049	17/04 - 05/05	13 608
Allemagne(Ouest)	SAMPLE INSTITUT	1055	17/04 - 05/05	52 083
Gréce	KEME	1006	16/04 - 05/05	7 474
Espagne	CIMEI	1000	18/04 - 05/05	28 075
France	TMO Consultants	1002	18/04 - 04/05	43 590
Irlande	LANSDOWNE Market Research	1000	17/04 - 13/05	2 549
Italie	PRAGMA	1057	15/04 - 04/05	44 495
Luxembourg	ILRES	499	07/04 - 17/05	372
Les Pays Bas	NIPO	1010	19/04 - 18/05	11 232
Portugal	NORMA	1000	15/04 - 06/05	7 338
Grande Bretagne	NOP Corporate and Financial	1066	20/04 - 04/05	44 225
Ireland du Nord	ULSTER MARKETING SURVEYS	305	20/04 - 11/05	1 159
Sweden	TEMO	1017	18/04 - 15/05	7 808
Finland	MARK. DEVELOPMENT CENTER	1030	19/04 - 16/05	4 017

Dans chaque pays, l'échantillon a été comparé à l'univers. La description de l'univers se base sur les données de population EUROSTAT. Pour tous les Etats membres EU, une procédure de pondération nationale a été réalisée (utilisant des pondérations marginales et croisées), sur base de cette description de l'univers. Dans tous les pays, au moins le sexe, l'âge, les régions NUTS II et la taille de l'agglomération ont été introduits dans la procédure d'itération. Pour la pondération internationale (i.e. les moyennes EU), INRA (EUROPE) recourt aux chiffres officiels de population, publiés par EUROSTAT dans l'Annuaire 1989 des Statistiques Régionales. Les chiffres complets de la population, introduits dans cette procédure de post-pondération, sont indiqués ci-dessus.

Les résultats des études EUROBAROMETRE sont analysés et sont présentés sous forme de tableaux, de fichiers de données et d'analyses. Pour chaque question, un tableau de résultats est fourni, accompagné de la question complète (en anglais et en français) en tête de page; ces résultats sont exprimés 1) en pourcentage calculé sur la base totale et 2) en pourcentage calculé sur le nombre de réponses "valables" (i.e. "Ne sait pas" et "Sans réponses" exclus). Tous les fichiers de données de l'EUROBAROMETRE sont déposés au Zentralarchiv (Universität Köln, Bachemer Strasse 40, D-5000 Köln 41). Ils sont à la disposition de tous les instituts membres du "European Consortium for Political Research" (Essex), du "Inter-University Consortium for Political and Social Research" (Michigan) et de toute personne intéressée par la recherche en sciences sociales. Les résultats des enquêtes EUROBAROMETRE sont analysés par l'unité Sondages et Recherches (EUROBAROMETRE) de la DG X de la Commission Européenne, Rue de la Loi 200, B-1049 Bruxelles ; ils peuvent être obtenus à cette adresse.

Il importe de rappeler aux lecteurs que les résultats d'un sondage sont des <u>estimations</u> dont l'exactitude, toutes choses égales par ailleurs, dépend de la taille de l'échantillon et du pourcentage observé. Pour des échantillons d'environ 1.000 interviews, le pourcentage réel oscille dans les intervalles de confiance suivants :

Pourcentage observé	10% or 90%	20% or 80%	30% or 70%	40% or 60%	50%
Intervalle de confiance	± 1.9%	± 2.5%	± 2.7%	± 3.0%	± 3.1%

EUROBAROMETRE STANDARD 43.1
INSTITUTS ET RESPONSABLES DE RECHERCHE

INRA (EUROPE) - European Coordination Office SA/NV
Dominique VANCRAEYNEST
Avenue R. Vandendriessche, 18
B -1150 BRUSSELS - BELGIUM
Tel. + +/32/2/775 01 11 - Fax.   + +/32/2/772 40 79

AUSTRIA	SPECTRA Brucknerstrasse, 3-5/4 DK-4020 LINZ-AUSTRIA	Ms Jitka NEUMANN	tel. + +/43/732/60.35.30 fax. + +/43/732/60.35.304
BELGIQUE	MARKETING UNIT 430, Avenue Louise B-1050 BRUXELLES	Ms Pascale BERNARD	tel. + +/32 2 648 80 10 fax. + +/32 2 648 34 08
DANMARK	GFK DANMARK Toldbodgade, 10B DK-1253 COPENHAGEN K.	Mr Erik CHRISTIANSEN	tel. + +/45 33 93 17 40 fax. + +/45 33 13 07 40
DEUTSCHLAND	SAMPLE INSTITUT Papenkamp, 2-6 D-23879 MÖLLN	Ms Doris SIEBER	tel. + +/49 4542 801 0 fax. + +/49 4542 801 201
ELLAS	KEME Ippodamou Street, 24 GR-11635 ATHENA	Ms Fotini PANOUTSOU	tel. + +/30 1 701 80 82 fax. + +/30 1 701 78 37
ITALIA	PRAGMA Via Salaria, 298a I-00199 ROMA	Ms Maria-Adelaïde SANTILLI	tel. + +/39 6 884 80 57 fax. + +/39 6 854 00 38
ESPAÑA	CIMEI Alberto Aguilera, 7-5° E-28015 MADRID	Ms Carmen MOZO	tel. + +/34 2 594 47 93 fax. + +/34 2 594 52 23
FRANCE	TMO Consultants 22, rue du 4 Septembre F-75002 PARIS	Ms Isabelle CREBASSA	tel. + +/33 1 44 94 40 00 fax. + +/33 1 44 94 40 01
IRELAND	LANSDOWNE Market Research 12,Hatch Street IRL-DUBLIN 2	Mr Roger JUPP	tel. + +/353 1 661 34 83 fax. + +/353 1 661 34 79
LUXEMBOURG	ILRES 6, rue du Marché aux Herbes GD-1728 LUXEMBOURG	Mr Charles MARGUE	tel. + +/352 47 50 21 fax. + +/352 46 26 20
NEDERLAND	NIPO "Westerdokhuis" Barentszplein, 7 NL-1013 NJ AMSTERDAM	Mr Martin JONKER	tel. + +/31 20 551 66 01 fax. + +/31 20 638 63 74
PORTUGAL	NORMA Av. Infante Santo 70-I s/1 P-1300 LISBOA	Ms Mafalda BRASIL	tel. + +/351 1 601 09 12 fax. + +/351 1 396 15 48
GREAT BRITAIN	NOP Corporate and Financial 1 & 2 Berners street London W1P 3AG UK	Mr Chris KAY	tel. + +/44 71 612 01 81 fax. + +/44 71 612 02 22
SWEDEN	TEMO AB Gärdsfogdevägen, 5-7 17126 SOLNA-SWEDEN	Mr Michael SÖDERSTRÖM	tel. + +/46 8 764 64 90 fax. + +/46 8 28 64 28
FINLAND	MARKETING DEVELOPMENT CENTER Ltd Itätuulenkuja 10 02100 ESPOO-FINLAND	Mr Juhani PEHKONEN	tel. + +/358 0 613 500 fax. + +/358 0 6135 0510

EUROBAROMETER 43.1
TECHNICAL SPECIFICATIONS

Between April, 7 and May, 18 1995, INRA (EUROPE), a European Network of Market- and Public Opinion Research agencies, carried out wave 43.1 of the STANDARD EUROBAROMETER, on request of the EUROPEAN COMMISSION.

The EUROBAROMETER 43.1 covers the population of the respective nationality of the European Union membercountries, aged 15 years and over, resident in each of the Member States. The basic sample design applied in all Member States is a multi-stage, random (probability) one. In each EU country, a number of sampling points was drawn with probability proportional to population size (for a total coverage of the country) and to population density.

For doing so, the points were drawn systematically from all "administrative regional units", after stratification by individual unit and type of area. They thus represent the whole territory of the Member States according to the EUROSTAT-NUTS II (or equivalent) and according to the distribution of the resident population of the respective EU-nationalities in terms of metropolitan, urban and rural areas. In each of the selected sampling points, a starting address was drawn, at random. Further addresses were selected as every Nth address by standard random route procedures, from the initial address. In each household, the respondent was drawn, at random. All interviews were face-to-face in people's home and in the appropriate national language.

COUNTRIES	INSTITUTES	N° INTERVIEWS	FIELDWORKDATES	POPULATION 15+ (x 000)
Austria	SPECTRA	1014	14/04 - 09/05	6 044
Belgium	MARKETING UNIT	1056	18/04 - 05/05	8 356
Denmark	GFK DANMARK	1000	17/04 - 08/05	4 087
Germany(East)	SAMPLE INSTITUT	1049	17/04 - 05/05	13 608
Germany(West)	SAMPLE INSTITUT	1055	17/04 - 05/05	52 083
Greece	KEME	1006	16/04 - 05/05	7 474
Spain	CIMEI	1000	18/04 - 05/05	28 075
France	TMO Consultants	1002	18/04 - 04/05	43 590
Ireland	LANSDOWNE Market Research	1000	17/04 - 13/05	2 549
Italy	PRAGMA	1057	15/04 - 04/05	44 495
Luxemburg	ILRES	499	07/04 - 17/05	372
The Netherlands	NIPO	1010	19/04 - 18/05	11 232
Portugal	NORMA	1000	15/04 - 06/05	7 338
Sweden	TEMO	1017	18/04 - 15/05	7 808
Finland	MARK. DEVELOPMENT CENTER	1030	19/04 - 16/05	4 017
Great Britain	NOP Corporate and Financial	1066	20/04 - 04/05	44 225
Northern Ireland	ULSTER MARKETING SURVEYS	305	20/04 - 11/05	1 159

For each country a comparison between the sample and the universe was carried out. The Universe description was derived from EUROSTAT population data or from national statistics. For all EU member-countries a national weighting procedure, using marginal and intercellular weighting, was carried out based on this Universe description. As such in all countries, minimum sex, age, region NUTS II were introduced in the iteration procedure. For international weighting (i.e. EU averages), INRA (EUROPE) applies the official population figures as published by EUROSTAT in the Regional Statistics Yearbook of 1989 or national CENSUS data. The total population figures for input in this post-weighting procedure are listed above.

The results of the EUROBAROMETER studies are reported in the form of tables, datafiles and analyses. Per question a table of results is given with the full question text (English and French) on top; the results are expressed 1) as a percentage on total base and 2) as a percentage on the number of "valid" responses (i.e. "Don't Know" and "No Answer" excluded). All EUROBAROMETER datafiles are stored at the Zentral Archiv (Universität Köln, Bachemer Strasse, 40, D-5000 Köln 41). They are at the disposal of all institutes members of the European Consortium for Political Research (Essex), of the Inter-University Consortium for Political and Social Research (Michigan) and of all those interested in social science research. The results of the EUROBAROMETER surveys are analysed and made available through the Unit Survey Research (EUROBAROMETER) of DGX.B of the European Commission, Rue de la Loi 200, B-1049 Brussels.

Readers are reminded that survey results are <u>estimations</u>, the accuracy of which, everything being equal, rests upon the sample size and upon the observed percentage. With samples of about 1.000 interviews, the real percentages vary within the following confidence limits :

Observed percentages	10% or 90%	20% or 80%	30% or 70%	40% or 60%	50%
Confidence limits	± 1.9%	± 2.5%	± 2.7%	± 3.0%	± 3.1%

EUROBAROMETER 43.1
CO-OPERATING AGENCIES AND RESEARCH EXECUTIVES

INRA (EUROPE) - European Coordination Office SA/NV
Dominique VANCRAEYNEST
Avenue R. Vandendriessche, 18
B -1150 BRUSSELS - BELGIUM
Tel. + +/32/2/775 01 11 - Fax. + +/32/2/772 40 79

Country	Agency / Address	Contact	Tel / Fax
AUSTRIA	SPECTRA Brucknerstrasse, 3-5/4 DK-4020 LINZ-AUSTRIA	Ms Jitka NEUMANN	tel. + +/43/732/60.35.30 fax. + +/43/732/60.35.304
BELGIQUE	MARKETING UNIT 430, Avenue Louise B-1050 BRUXELLES	Ms Pascale BERNARD	tel. + +/32 2 648 80 10 fax. + +/32 2 648 34 08
DANMARK	GFK DANMARK Toldbodgade, 10B DK-1253 COPENHAGEN K.	Mr Erik CHRISTIANSEN	tel. + +/45 33 93 17 40 fax. + +/45 33 13 07 40
DEUTSCHLAND	SAMPLE INSTITUT Papenkamp, 2-6 D-23879 MÖLLN	Ms Doris SIEBER	tel. + +/49 4542 801 0 fax. + +/49 4542 801 201
ELLAS	KEME Ippodamou Street, 24 GR-11635 ATHENA	Ms Fotini PANOUTSOU	tel. + +/30 1 701 80 82 fax. + +/30 1 701 78 37
ITALIA	PRAGMA Via Salaria, 298a I-00199 ROMA	Ms Maria-Adelaïde SANTILLI	tel. + +/39 6 884 80 57 fax. + +/39 6 854 00 38
ESPAÑA	CIMEI Alberto Aguilera, 7-5° E-28015 MADRID	Ms Carmen MOZO	tel. + +/34 2 594 47 93 fax. + +/34 2 594 52 23
FRANCE	TMO Consultants 22, rue du 4 Septembre F-75002 PARIS	Ms Isabelle CREBASSA	tel. + +/33 1 44 94 40 00 fax. + +/33 1 44 94 40 01
IRELAND	LANSDOWNE Market Research 12,Hatch Street IRL-DUBLIN 2	Mr Roger JUPP	tel. + +/353 1 661 34 83 fax. + +/353 1 661 34 79
LUXEMBOURG	ILRES 6, rue du Marché aux Herbes GD-1728 LUXEMBOURG	Mr Charles MARGUE	tel. + +/352 47 50 21 fax. + +/352 46 26 20
NEDERLAND	NIPO "Westerdokhuis" Barentszplein, 7 NL-1013 NJ AMSTERDAM	Mr Martin JONKER	tel. + +/31 20 551 66 01 fax. + +/31 20 638 63 74
PORTUGAL	NORMA Av. Infante Santo 70-I s/1 P-1300 LISBOA	Ms Mafalda BRASIL	tel. + +/351 1 601 09 12 fax. + +/351 1 396 15 48
GREAT BRITAIN	NOP Corporate and Financial 1 & 2 Berners street London W1P 3AG UK	Mr Chris KAY	tel. + +/44 71 612 01 81 fax. + +/44 71 612 02 22
SWEDEN	TEMO AB Gärdsfogdevägen, 5-7 17126 SOLNA-SWEDEN	Mr Michael SÖDERSTRÖM	tel. + +/46 8 764 64 90 fax. + +/46 8 28 64 28
FINLAND	MARKETING DEVELOPMENT CENTER Ltd Itätuulenkuja 10 02100 ESPOO-FINLAND	Mr Juhani PEHKONEN	tel. + +/358 0 613 500 fax. + +/358 0 6135 0510

Passons à présent à un autre sujet

Q.48. a) On peut voir les drogués de diverses façons. Pour vous, est-ce d'abord ... ?
(MONTRER CARTE **)
b) En deuxième lieu ?

LIRE	a) D'ABORD	b) DEUXIEME
... Un problème de maturité (les drogués sont surtout des jeunes)	79 1	80 1
... Un problème social (les drogués sont une charge pour la société)	2	2
... Un problème de santé (les drogués se détruisent la santé)	3	3
... Un problème moral (les drogués ont besoin d'aide)	4	4
... Un problème criminel (les drogués augmentent l'insécurité)	5	5
... Un problème économique (les drogués se ruinent pour acheter leurs drogues)	6	6
NSP	7	7

EB37.0 - Q.97 - TREND MODIFIE

Q.49. Pensez-vous que la consommation de drogues peut conduire ou non ... ?

LIRE	OUI	NON	NSP
a) ... Au SIDA	81 1	2	3
b) ... A la prostitution	82 1	2	3
c) ... A des problèmes de santé	83 1	2	3
d) ... A des problèmes sociaux	84 1	2	3
e) ... A la violence	85 1	2	3
f) ... Au suicide	86 1	2	3
g) ... A la déchéance de la personnalité	87 1	2	3
h) ... A des problèmes avec la justice	88 1	2	3

EB37.0 - Q.99 - TREND

Q.50. A votre avis, quelles sont les raisons principales pour lesquelles certaines personnes consomment de la drogue ?
(MONTRER CARTE ** - LIRE - PLUSIEURS REPONSES POSSIBLES)

```
            Echec scolaire ou professionnel.......................................................... 89  1,
            Oublier ses problèmes...................................................................     2,
            Solitude................................................................................     3,
            Faire comme ses amis....................................................................     4,
            Améliorer ses performances..............................................................     5,
            Se faire des amis.......................................................................     6,
            Se donner confiance.....................................................................     7,
            Problèmes familiaux.....................................................................     8,
            Problèmes relationnels..................................................................     9,
            NSP.....................................................................................    10,
```

EB37.0 - Q.101.B - TREND

Q.51. Parmi les drogues suivantes, quelles sont celles ...
a) dont vous avez déjà entendu parler ?
b) que vous avez déjà vues ?
c) que l'on vous a proposées ?
d) qui, selon vous, sont dangereuses ?
(MONTRER CARTE **)

LIRE	a) ENTENDU PARLER	b) VU	c) PROPOSE	d) DANGEREUX
Marijuana	90 1,	91 1,	92 1,	93 1,
Cannabis/Hachisch	2,	2,	2,	2,
Morphine	3,	3,	3,	3,
Héroïne	4,	4,	4,	4,
Cocaïne	5,	5,	5,	5,
LSD	6,	6,	6,	6,
Crack	7,	7,	7,	7,
Extasy	8,	8,	8,	8,
Colle, solvants	9,	9,	9,	9,
Anabolisants, produits dopants	10,	10,	10,	10,
Aucun de celles-ci (SPONTANE)	11,	11,	11,	11,

EB37.0 - Q.92 - TREND MODIFIE

Q.52. (SI A DEJA ETE PROPOSE CERTAINS DE CES DROGUES - CODES 1 A 10 EN Q.51C)
Quel âge aviez-vous lorsque l'on vous a proposé, pour la première fois, une de ces drogues ?

```
                                                                        +--+--+ 94
                                                                        |  |  |
                                                                        +--+--+
```

EB37.0 - Q.94 - TREND

A TOUS

Q.53. Selon vous, en générale, consomme-t-on souvent, parfois ou jamais ces drogues ... ?

LIRE		SOUVENT	PARFOIS	JAMAIS	NSP
a) ... Dans la rue	95	1	2	3	4
b) ... A ou autour des écoles, des collèges, des universités, etc...	96	1	2	3	4
c) ... Dans les soirées et fêtes privées	97	1	2	3	4
d) ... Dans les cafés, discothèques	98	1	2	3	4
e) ... Dans les concerts, festivals	99	1	2	3	4
f) ... Dans les clubs sportifs	100	1	2	3	4
g) ... Dans d'autres clubs ou centres de loisirs	101	1	2	3	4
h) ... En vacances	102	1	2	3	4

EB37.0 - Q.93 - TREND MODIFIE

Q.54. D'après vous, obtenir de la drogue est-ce ... ? (LIRE)
```
Très difficile................................................................ 103  1  PASSER EN Q.56
Assez difficile...............................................................      2  PASSER EN Q.56
Assez facile..................................................................      3  PASSER EN Q.55
Très facile...................................................................      4  PASSER EN Q.55
NSP............................................................................      5  PASSER EN Q.56
```

EB37.0 - Q.95 - TREND

Q.55. (SI ASSEZ FACILE, TRES FACILE - CODES 3 OU 4 EN Q.54)
A votre avis, peut-on ou non se procurer des drogues ... ?

LIRE		OUI	NON	NSP
a) ... Par des amis ou connaissances	104	1	2	3
b) ... Par votre conjoint/partenaire ou un membre de votre famille	105	1	2	3
c) ... Dans la rue	106	1	2	3
d) ... A ou autour des écoles, des collèges, des universités, etc...	107	1	2	3
e) ... Dans les soirées et fêtes privées	108	1	2	3
f) ... Dans les cafés, discothèques	109	1	2	3
g) ... Dans les concerts, festivals	110	1	2	3
h) ... Dans les clubs sportifs	111	1	2	3
i) ... Dans d'autres clubs ou des centres de loisirs	112	1	2	3
j) ... Par un médecin	113	1	2	3
k) ... En vacances	114	1	2	3

EB37.0 - Q.96 - TREND MODIFIE

A TOUS

Q.56. Quelle est, à vos yeux, la première priorité pour éliminer le problème de la drogue ? (LIRE)
(MONTRER CARTE ** - UNE SEULE REPONSE)
```
Réprimer les trafiquants..................................................... 115  1
Informer sur les problèmes de la drogue......................................      2
Promouvoir et enseigner l'hygiène de vie et la santé.........................      3
Résoudre les problèmes sociaux et économiques comme le chômage..............      4
Prendre de nouvelles mesures législatives, réprimant MOINS la consommation de drogue....  5
Prendre de nouvelles mesures législatives, réprimant PLUS la consommation de drogue.....  6
Améliorer le traitement des drogués..........................................      7
Intensifier la recherche scientifique........................................      8
NSP..........................................................................      9
```

EB37.0 - Q.98 - TREND MODIFIE

INRA (EUROPE) - EUROBAROMETRE 43.0 - PRINTEMPS 1995

Q.57. D'après vous, pour obtenir une information ou un conseil en matière de toxicomanie, à qui vaut-il mieux s'adresser ?
(MONTRER CARTE ** - LIRE - PLUSIEURS REPONSES POSSIBLES)

A un proche	116	1,
A un médecin		2,
A un service d'accueil téléphonique "drogues"		3,
A un centre de traitement spécialisé		4,
A un service de police		5,
A un service d'aide sociale		6,
NSP		7,

EB43.0 - NOUVEAU

Q.58. Certains disent qu'il existe des médicaments dont l'utilisation est aussi dangereuse que les drogues les plus dures ? Cela vous paraît-il ... ? (LIRE)

Certainement vrai	117	1
Probablement vrai		2
Probablement pas vrai		3
Certainement pas vrai		4
NSP		5

EB32 - Q.107 - TREND

Q.59. Comme vous le savez peut-être, l'analyse des urines permet de déceler la présence et donc la consommation de drogues. Seriez-vous - cela étant - plutôt d'accord ou plutôt pas d'accord pour que ... ?

LIRE	PLUTOT D'ACCORD	PLUTOT PAS D'ACCORD	NSP
a) La police puisse imposer ce test chaque fois qu'il y a doute	118 1	2	3
b) Un employeur puisse imposer ce test à ses employés à l'embauche	119 1	2	3
c) Une employeur puisse imposer ce test sur le lieu de travail quand il y a doute	120 1	2	3
d) Une compagnie d'assurances puisse imposer ce test pour l'obtention d'un contrat d'assurance-vie	121 1	2	3
e) L'on vous demande éventuellement de subir ce test	122 1	2	3

EB32 - Q.108 - TREND

Let us now turn to another topic

Q.48. a) The problem of drug addicts can be viewed in a variety of ways. In your opinion, is it primarily ... ?
(SHOW CARD **)
b) And secondly ?

READ OUT	a) PRIMARILY	b) SECONDLY
... A problem of maturity (drug addicts are mainly young people)	79 1	80 1
... A social problem (drug addicts are a burden to society)	2	2
... A health problem (drug addicts ruin their health)	3	3
... A moral problem (drug addicts need help)	4	4
... A criminal problem (drug addicts increase the public's insecurity)	5	5
... An economic problem (drug addicts spend all their money on drugs)	6	6
DK	7	7

EB37.0 - Q.97 - TREND MODIFIED

Q.49. Do you think that drug use can lead, or not, to ... ?

READ OUT	YES	NO	DK
a) ... AIDS	81 1	2	3
b) ... Prostitution	82 1	2	3
c) ... Health problems	83 1	2	3
d) ... Social problems	84 1	2	3
e) ... Violence	85 1	2	3
f) ... Suicide	86 1	2	3
g) ... Personality breakdown	87 1	2	3
h) ... Problems with the law	88 1	2	3

EB37.0 - Q.99 - TREND

Q.50. What do you think are the main reasons why some people take drugs ?
(SHOW CARD ** - READ OUT - MULTIPLE ANSWERS POSSIBLE)

A failure at school or work	89 1,
To forget their problems	2,
Loneliness	3,
Do the same as their friends	4,
Improve their performance	5,
Make friends	6,
To give themselves confidence	7,
Family problems	8,
Problems in relationships	9,
DK	10,

EB37.0 - Q.101.B - TREND

Q.51. Which of the following drugs ...
a) have you ever heard of ?
b) have you ever seen ?
c) Have you ever been offered ?
d) Do you think are dangerous ?
(SHOW CARD **)

READ OUT	a) HEARD TALKING ABOUT	b) SEEN	c) OFFERED	d) DANGEROUS
Marijuana	90 1,	91 1,	92 1,	93 1,
Cannabis/Hashish	2,	2,	2,	2,
Morphine	3,	3,	3,	3,
Heroin	4,	4,	4,	4,
Cocaine	5,	5,	5,	5,
LSD	6,	6,	6,	6,
Crack	7,	7,	7,	7,
Ecstasy (XTC)	8,	8,	8,	8,
Glue, solvents	9,	9,	9,	9,
Steroids, other stimulants	10,	10,	10,	10,
None of these (SPONTANEOUS)	11,	11,	11,	11,

EB37.0 - Q.92 - TREND MODIFIED

Q.52. (IF EVER BEEN OFFERED ANY OF THESE DRUGS - CODES 1 TO 10 AT Q.51C)
How old were you when any of those drugs were first offered to you ?

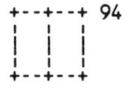

94

EB37.0 - Q.94 - TREND

INRA (EUROPE) - EUROBAROMETER 43.0 - SPRING 1995

ASK ALL

Q.53. In general, do you think that these drugs are used often, sometimes or never ... ?

READ OUT		OFTEN	SOMETIMES	NEVER	DK
a) ... On the street	95	1	2	3	4
b) ... In or near schools, colleges, universities, etc...	96	1	2	3	4
c) ... At parties	97	1	2	3	4
d) ... In pubs, discos	98	1	2	3	4
e) ... At concerts, festivals	99	1	2	3	4
f) ... In sports clubs	100	1	2	3	4
g) ... In other clubs or leisure centres	101	1	2	3	4
h) ... On holidays	102	1	2	3	4

EB37.0 - Q.93 - TREND MODIFIED

Q.54. Do you think that getting hold of drugs is ... ? (READ OUT)
```
Very difficult............................................................ 103   1   GO TO Q.56
Fairly difficult.........................................................       2   GO TO Q.56
Fairly easy..............................................................       3   GO TO Q.55
Very easy................................................................       4   GO TO Q.55
DK.......................................................................       5   GO TO Q.56
```

EB37.0 - Q.95 - TREND

Q.55. (IF FAIRLY EASY OR VERY EASY - CODES 3 OR 4 AT Q.54)
Do you think that you can get drugs or not ... ?

READ OUT		YES	NO	DK
a) ... Through friends or acquaintances	104	1	2	3
b) ... Through your husband/wife/partner or a member of your family	105	1	2	3
c) ... On the street	106	1	2	3
d) ... In or near schools, colleges, universities, etc...	107	1	2	3
e) ... At parties	108	1	2	3
f) ... In pubs, discos	109	1	2	3
g) ... At concerts, festivals	110	1	2	3
h) ... In sports clubs	111	1	2	3
i) ... In other clubs or leisure centres	112	1	2	3
j) ... Through a doctor	113	1	2	3
k) ... On holidays	114	1	2	3

EB37.0 - Q.96 - TREND MODIFIED

ASK ALL

Q.56. In your opinion, what is the top priority in eliminating the drug problem ? (READ OUT)
(SHOW CARD ** - ONE ANSWER ONLY)
```
Cracking down on dealers................................................. 115   1
Providing information on the drug problem...............................       2
Educating people about and promoting healthy living.....................       3
Solving social and economic problems such as unemployment...............       4
Passing new laws, which crack down LESS on drug users...................       5
Passing new laws, which crack down MORE on drug users...................       6
Improving the treatment of drug addicts.................................       7
Doing more scientific research..........................................       8
DK......................................................................       9
```

EB37.0 - Q.98 - TREND MODIFIED

INRA (EUROPE) - EUROBAROMETER 43.0 - SPRING 1995

Q.57. In your view, to obtain information or advice about drug-taking, is it better to talk to ... ?
(SHOW CARD ** - READ OUT - SEVERAL ANSWERS POSSIBLE)

```
... A friend................................................................................. 116  1,
... A doctor................................................................................       2,
... A "drugs" helpline.....................................................................       3,
... A specialised care centre..............................................................       4,
... A police department....................................................................       5,
... An organisation for social help or support.............................................       6,
DK.........................................................................................       7,
```

EB43.0 - NEW

Q.58. Some people say that there are some medicines whose use is just as dangerous as that of the hardest drugs. Do you think this is ... ? (READ OUT)

```
Definitely true............................................................................ 117  1
Probably true..............................................................................      2
Probably not true..........................................................................      3
Definitely not true........................................................................      4
DK.........................................................................................      5
```

EB32 - Q.107 - TREND

Q.59. As you may know, analysing urine makes it possible to detect the presence of drugs, and therefore their use. With this in mind, would you tend to agree or tend to disagree that ...

READ OUT	TEND TO AGREE	TEND TO DISAGREE	DK
a) That the police should be entitled to apply the test whenever they have a suspicion	118 1	2	3
b) That employers should be allowed to apply the test when taking on staff	119 1	2	3
c) That employers should be allowed to apply the test when they have a suspicion	120 1	2	3
d) That an insurance company should be allowed to apply the test when people are taking out life insurances	121 1	2	3
e) That possibly you yourself could be asked to take the test	122 1	2	3

EB32 - Q.108 - TREND

INRA (EUROPE) - EUROBAROMETER 43.0 - SPRING 1995

EUROBAROMETRE STANDARD 43
Spécifications techniques pour les variables démographiques et socio-politiques utilisées dans les analyses

LES CLASSIFICATIONS SPÉCIALES DANS LES ENQUÊTES EUROBAROMETRE
ECHELLE DE REVENUS

Cette variable est établie au départ des réponses à la question :

"Nous désirons en plus des informations sur les revenus des foyer pour analyser les résultats de cette étude selon les différents types. Voici une série de revenus mensuels (MONTRER LA CARTE D29). Veuillez compter l'ensemble des gains et salaires MENSUELS de tous les membres du foyer, toutes pensions ou allocations sociales ou familiales comprises, ainsi que tout autres revenus tels que les loyers, ...

Bien-sûr, votre réponse, comme toutes celles de cette interview sera traitée confidentiellement et toute référence à vous ou votre foyer sera impossible. Veuillez me donner la lettre correspondant aux revenus de votre foyer et ce, avant toutes taxes ou déductions.,

B	T	P	F	E	H	L	N	R	M	S	K

Refus,
NSP

Les répondants sont regroupés en quartiles pour chaque pays. Puis ils sont fusionnés pour établir la distribution communautaire.

POSITION POLITIQUE

Cette variable est établie au départ des réponses à la question : *"A propos de politique, les gens parlent de "droite" et de "gauche". Vous-même, voudriez-vous situer votre position sur cette échelle ?"* (Instructions pour les enquêteurs : Ne rien suggérer, la personne doit se situer dans une case; si elle hésite, insister) :

GAUCHE   DROITE

1	2	3	4	5	6	7	8	9	10

Refus,
NSP

Dans ce rapport, les répondants sont regroupés en tertiles pour chaque pays : ceux qui se placent le plus à gauche, ceux qui se placent le plus à droite et le tiers restant, constitué de ceux qui se placent le plus au centre. La pondération habituelle est alors utilisée pour établir la distribution communautaire.

EUROBAROMETRE STANDARD 43
Spécifications techniques pour les variables démographiques et socio-politiques utilisées dans les analyses

INDICE DE LEADERSHIP

Il est utile, pour analyser les résultats d'enquêtes portant sur des échantillons représentatifs de l'ensemble du public, de distinguer, dans cet ensemble, ceux des individus qui présentent certaines caractéristiques constitutives de ce que l'on considère généralement comme une attitude de "leadership" : intérêt pour certains problèmes, degré d'activité dans la vie du groupe, etc...

L'analyse des résultats accumulés au cours des sondages de l'Euro-Baromètre a montré qu'il était statistiquement significatif de construire un indice suivant les réponses données par l'ensemble des personnes interrogées à deux questions. Cet indice a été construit de telle façon qu'il comporte quatre degrés, le degré le plus élevé correspondant à ceux que nous désignerons désormais comme étant des leaders d'opinion, soit environ 10 % de la population européenne, et le degré le plus bas aux non-leaders (environ 22 %); les deux degrés intermédiaires correspondent, par construction, à des individus qui sont respectivement légèrement plus et légèrement moins leaders que la moyenne du public.

QUESTIONS :

A. *"Quand vous avez une opinion à laquelle vous tenez beaucoup, vous arrive-t-il de convaincre vos amis, vos camarades de travail, vos relations d'adopter cette opinion ? Cela vous arrive-t-il souvent, de temps en temps, rarement, jamais, NSP."*

B. *"Quand vous êtes entre amis, diriez-vous qu'il vous arrive souvent, de temps en temps, ou jamais de discuter politique?"*

CONSTRUCTION :

Le tableau suivant indique comment a été construit l'indice de mobilisation cognitive.

A. / B.	souvent	de temps en temps	rarement	jamais	sans réponse
souvent	++	++	+	+	+
de temps en temps	+	+	-	-	-
jamais	-	-	--	--	--
sans réponse	-	-	--	--	--

Commission européenne

Les Européens et la drogue

Enquête Eurobaromètre *43.0 et 43.1 (jeunes)*
INRA, juin 1995

Luxembourg: Office des publications officielles des Communautés européennes

1996 — XI, 112 p. — 21 x 29,7 cm

ISBN 92-827-6096-0

Prix au Luxembourg, TVA exclue: ECU 7